a arte de meditar

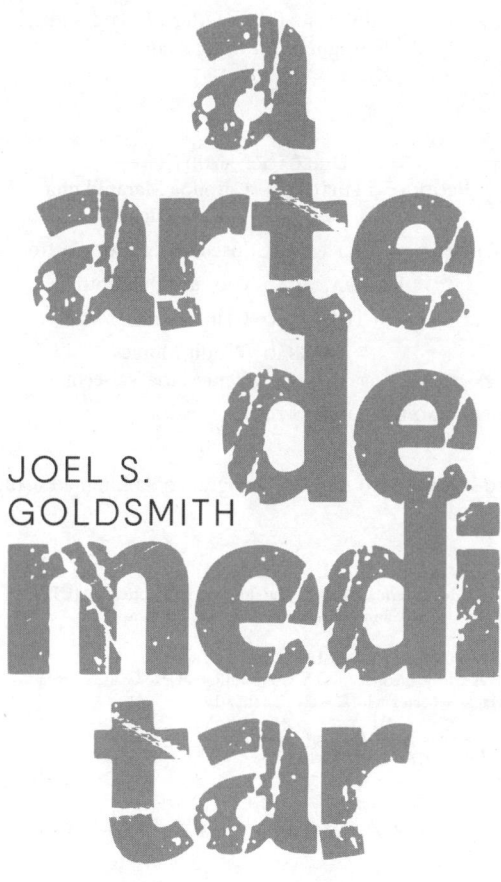

JOEL S.
GOLDSMITH

a arte de meditar

Tradução:
GLAUCIA BRAGA MAGGI

MARTIN CLARET

© *Copyright* desta tradução: Editora Martin Claret Ltda., 2019.
Título original: *The art of meditation*

DIREÇÃO	Martin Claret
PRODUÇÃO EDITORIAL	Carolina Marani Lima Mayara Zucheli
DIREÇÃO DE ARTE E CAPA	José Duarte T. de Castro
DIAGRAMAÇÃO	Giovana Quadrotti
TRADUÇÃO	Glaucia Braga Maggi
REVISÃO	Waldir Moraes Vera Maria Valsechi
IMPRESSÃO E ACABAMENTO	Lis Gráfica

Este livro segue o novo Acordo Ortográfico da Língua Portuguesa.

Dados Internacionais de Catalogação na Publicação (CIP)
(Câmara Brasileira do Livro, SP, Brasil)

Goldsmith, Joel S., 1892-1964.
    A arte de meditar / Joel S. Goldsmith; tradução Glaucia Braga Maggi. — São Paulo: Martin Claret, 2019.

    Título original: *The art of meditation*.
    ISBN 978-85-440-0240-7

1. Espiritualidade 2. Meditação 3. Novo Pensamento I. Título.

19-30554   CDD-248.34

Índices para catálogo sistemático:

1. Meditação: Espiritualidade: Cristianismo   248.34
Maria Paula C. Riyuzo – Bibliotecária – CRB-8/7639

EDITORA MARTIN CLARET LTDA.
Rua Alegrete, 62 – Bairro Sumaré – CEP: 01254-010 – São Paulo – SP
Tel.: (11) 3672-8144 - www.martinclaret.com.br
1ª reimpressão – 2021.

SUMÁRIO

A ARTE DE MEDITAR

Parte um
Meditação: a prática

I	O caminho	11
II	O propósito	23
III	A prática	37
IV	A união indissolúvel	51
V	As dificuldades	71

Parte dois
Meditação: a experiência

Prefácio		87
VI	A terra é do Senhor	89
VII	E Deus amou tanto o mundo	97
VIII	Vós sois o templo	103

IX	A prata é minha	111
X	O lugar em que estás	119
XI	Pois o amor é de Deus	127
XII	Pois Ele é tua vida	137
XIII	Não temas	145
XIV	O tabernáculo de Deus	155
XV	A beleza da santidade	167

Parte três
Meditação: os frutos

XVI	Os frutos do espírito	177
XVII	Iluminação, comunhão e união	191
XVIII	O círculo de Cristicidade	199

Sobre a tradutora	207

A arte de meditar

Parte um

Meditação: A prática

Capítulo I
O caminho

A maioria dos homens e mulheres está convencida de que há um tipo de Poder divino atuando nos assuntos humanos, mas não tem certeza do que é, nem sabe como vivenciar diariamente essa divina Presença e Poder. Houve uma época em que muitas dessas pessoas se contentavam em acreditar num Deus habitando em um paraíso distante, um Deus que só iriam encontrar depois da morte. Hoje em dia, no entanto, poucos se satisfazem com esse conceito limitado de Deus.

O mundo é repleto de dissonâncias. Vivemos a nos perguntar: Se existe um Deus, porque esse Deus permite doenças, guerras, fome e calamidades? Como podem todos esses males existir, se Deus é bom, se Deus é vida, se Deus é amor? Como pode haver um Deus assim *e*, ao mesmo tempo, o ser humano sofrer horrores? Desde sempre, tenta-se resolver esse enigma, mas não há solução, não há resposta, exceto que o mundo não conhece Deus. Não dá para acreditar, nem por um momento, que, se neste mundo as pessoas tivessem a percepção de Deus, teriam discórdias e desarmonias também. Experimentamos tudo isso por causa de nossa ignorância de Deus. Quando tivermos intimidade com Ele, descobriremos o segredo da existência harmoniosa.

Através dos tempos as pessoas têm buscado a liberdade, a paz e a abundância; porém, essa busca tem sido feita, basicamente, por intermédio da incansável mente humana. O prazer e a satisfação são criados artificialmente e, por isso mesmo, não são permanentes e reais. Vivendo a partir da mente, temos constante necessidade de novos prazeres, novas faces e novos cenários. Raramente experimentamos momentos de real alegria, descanso e relaxamento.

A liberdade, a paz e a abundância não dependem de circunstâncias ou condições. O ser humano se libertou das cadeias, da escravidão e da opressão; encontrou a paz em meio à guerra; sobreviveu às enchentes e à fome; prosperou em períodos de depressão e pânico. Quando a Alma do homem se liberta, ela o conduz através dos mares vermelhos e experiências do deserto até a terra prometida da paz espiritual. A liberdade é uma condição inerente à Alma. Ao nos voltarmos para o reino do nosso Ser interior, encontramos o reino do divino Poder no mundo exterior. Ao buscarmos a paz interior, encontramos a harmonia no mundo externo. Atingimos a profundidade da Alma e ela passa a controlar nossa existência oferecendo atividade e vida nova, paz e serenidade jamais sonhadas. Assim alcançamos a liberdade da Alma, a liberdade da graça.

Através dos tempos encontramos homens e mulheres espiritualmente dotados — os místicos do mundo — que experimentaram a união consciente com Deus, e que trouxeram a presença e o poder de Deus para sua experiência de vida. Sempre existiram um Moisés, um Elias, um Jesus, um João ou um Paulo, mas nenhum deles teve muitos seguidores. Nenhum deles foi muito conhecido, nem seus ensinamentos foram amplamente praticados durante a época em que viveram. Esses mestres espirituais se dedicaram a nos mostrar a verdade, verdade esta que nos trouxe ao nosso atual estado de consciência.

A luz que temos hoje é o resultado da luz que vem sendo trazida a nós através dos tempos. Há muitos mestres espirituais desconhecidos que não deixaram registros; por outro lado, há muitos que podemos identificar: Moisés, Elias, Jesus, João e Paulo, mencionados acima; Eckhart, Boehme, Fox, místicos que viveram entre os séculos XII e XVII; assim como os grandes líderes e reveladores dos tempos atuais. Ninguém trouxe luz ao mundo, mas cada um desses grandes profetas trouxe um raio de luz que contribui para a luz como um todo.

Todos esses grandes líderes espirituais concordam com os princípios e ensinamentos básicos com os quais a maioria de nós está familiarizada: "Tu amarás ao Senhor teu Deus com todo o teu coração, farás ao próximo aquilo que queres que façam a ti, não matarás, não roubarás, não cometerás adultério". Os líderes não nos ensinaram que fôssemos da mesma nacionalidade, cor ou credo; ensinaram o princípio do amor e da cooperação.

Se esse princípio de amor e da cooperação fosse realmente praticado e vivido por todos os que aceitam os ensinamentos de Cristo, a guerra seria impossível.

É um paradoxo que, séculos após essas revelações da verdade, tantos conflitos continuem a ser a força motriz do mundo. Com esse vasto reservatório de sabedoria mística disponível era de se esperar que, após todos esses anos, o mundo iria desfrutar liberdade e abundância. Mas os princípios desses ensinamentos nem sempre têm sido praticados da maneira como foram revelados; pelo contrário, cristalizaram-se na forma e gradualmente foram adulterados, por vezes sendo reduzidos ao nível mais baixo do pensamento humano, em vez de ascender às alturas a que essas verdades fatalmente conduzem.

O princípio original ensinado pelo Mestre revelou que o reino de Deus — a presença e o poder de Deus — está no nosso interior. Jesus chamava essa presença e poder de "Pai": "O Pai que habita em mim, Ele faz as obras". Paulo, usando um termo diferente, disse: "Eu posso fazer todas as coisas através do Cristo que me fortalece". Mas qualquer que seja Seu nome — Deus, Pai ou Cristo — Ele só pode ser encontrado no nosso interior.

O reino de Deus está dentro de nós, de cada ser individual; não nas montanhas sagradas nem no templo em Jerusalém, mas no nosso *interior*. Se realmente acreditássemos nessa grande sabedoria espiritual, desejaríamos sair desta mente humana a fim de alcançar, tocar e responder ao Pai interior. Quando começamos a reconhecer nosso bem como um presente de Deus, deixamos o raciocínio, o pensamento e a mente relaxarem. Escutamos a pequena voz silenciosa sempre em busca do anjo do Senhor, o Cristo, o Pai interior que nunca nos deixará nem nos abandonará. Estará permanentemente à nossa disposição.

Esta escuta é a arte da meditação, cujo aprendizado leva a um lugar de transição onde a verdade passa da mente para o coração. Em outras palavras, a verdade não é mais um mero conhecimento intelectual, mas torna-se algo vivo dentro de nosso ser. Para ilustrar: todos conhecem a palavra "Deus", mas poucos O conhecem. Para a maioria de nós, Deus se manteve como uma palavra, um termo, um poder fora; Deus, em Si mesmo, não se tornou uma realidade viva, exceto para as poucas pessoas conhecidas como místicas. A meditação nos leva a uma experiência na qual constatamos que existe um Deus. Leva-nos a um ponto em que estamos tão convencidos da realidade de Deus quanto do fato de que estamos aqui lendo este livro. Se todos os jornais publicarem manchetes hoje à noite dizendo que não estávamos neste lugar, neste momento particular, esse anúncio não iria alterar nosso conhecimento do fato de que *nós estamos aqui*. Deus é tanto uma realidade, uma presença, um poder, uma entidade e individualidade quanto nós, e nós podemos conhecer a Deus tão bem quanto conhecemos a nós mesmos e aos outros.

A partir do momento em que conhecemos a Deus por meio da experiência, a vida muda para nós, porque há um descanso da nossa individualidade. Surge um sentimento maior do que nós, independente de nós mesmos, que atua em nós e através de nós. Esta é a experiência dos místicos. Eles realmente sentem a presença de Deus, que se torna um poder ativo em suas vidas. Infelizmente, poucos vivenciam isso. Se houvesse pelo menos um número maior que realmente conhecesse a Deus, talvez fosse suficiente para salvar o mundo. Segundo as Escrituras, dez homens justos salvaram a cidade. A consciência dos místicos despertos para a presença e poder de Deus é o resultado da experiência; não é apenas uma conversa sobre a disponibilidade de Deus; não é apenas uma afirmação ou uma declaração, nem um chavão ou um clichê — é um fato real.

Nossa busca de Deus, nossa busca do reino de Deus, é uma evidência de nossa fé na presença e poder de Deus, mesmo que ainda não tenhamos o conhecimento por meio da experiência real. Aqueles que não estão no caminho espiritual não têm essa confiança. Somente os que atingiram a convicção interior de que há um Deus são guiados para essa busca. Esses buscadores, mesmo não tendo atingido a percepção de Deus, têm a convicção interior de que: "Este é o caminho; *existe* um Deus".

Assim a busca começa, e começa de diversas maneiras. Tudo depende de nossa experiência, de onde estamos, do momento em que se dá e do que está acontecendo à nossa volta. Para alguns a busca e a resposta ocorreram em igrejas ortodoxas; descobriram o reino dentro de si mesmos, mas continuaram trabalhando na igreja em forma de serviço e, por vezes, como uma forma de gratidão. Alguns encontraram Deus por intermédio de uma abordagem intelectual ou puramente espiritual. Outros se depararam com ensinamentos que combinavam tanto o intelectual quanto o espiritual. Há aqueles que vieram para o caminho espiritual por meio de livros, os que vieram por intermédio de professores e os que fizeram contato com os santos espirituais e videntes que nunca morreram.

Conhecer a verdade por meio de tantas palavras, citações, passagens ou teorias é uma coisa; mas é totalmente diferente quando, por meio da meditação, a Palavra se enraíza em nossa consciência e brota como fruto espiritual. Aprendemos que os frutos do Espírito são amor, alegria, paz, longanimidade, gentileza, bondade, fé. Realmente, quando o Espírito é tocado ou quando Ele nos toca, os frutos surgem na forma de harmonia, totalidade, completude e perfeição. O objetivo deste livro é ajudar os alunos a praticar a arte da meditação, por meio da qual a Palavra finca raízes, a fim de que eles penetrem numa consciência real da vivência no Espírito. Nosso objetivo é alcançar a mente que existia em Cristo Jesus, e deixá-La fazer conosco o que Ela quiser. Nosso alvo é chegar à mesma consciência na qual Paulo revelou: "Eu vivo, não mais eu, Cristo vive a minha vida" ou "Eu posso fazer todas as coisas no Cristo que me fortalece". Em outras palavras, a atividade do Espírito vem viver em nós e assume: não somos mais bons ou maus, sadios ou enfermos. Entramos numa fase que transcende os pares de opostos.

Na sabedoria espiritual não existe dualidade. Deus É, e, portanto, não há preocupação se podemos chegar ou não a Deus, porque não precisamos de nada para chegar a Ele: o dia já é bonito; o fruto já brotou; as flores já estão florescendo; as marés estão fluindo; o Sol, a Lua e as estrelas estão no céu; a harmonia existe. Neste estado de consciência espiritual descansamos e relaxamos na percepção de que: "Deus está em Seu céu; tudo está certo no mundo". Ao percebermos isso, não mais lutamos para conseguir as coisas desta Terra. Deixe sua mente repousar na mesma mente que existia em Cristo Jesus. "Ele, que ressuscitou o Cristo dentre os mortos, avivará também vossos corpos mortais pelo Seu Espírito que em vós habita". Busquemos atingir a percepção desse mesmo Espírito que ressuscitou Jesus dentre os mortos, não falando, não fazendo declarações ou ensinamentos, mas atingindo a mente de Cristo. Alcançar essa mente requer esforço próprio e a graça de Deus, que é o fator mais importante, pois, sem ela, ninguém teria força suficiente para continuar no caminho que conduz à percepção de Deus. Sem a Sua graça, não teríamos o desejo até mesmo para iniciar a busca e muito menos persistir nos passos difíceis que vêm a seguir.

Há um estado de consciência revelado pela meditação por meio do qual imediatamente nos tornamos um com Deus, com todos os seres espirituais e toda criação, rapidamente tendo acesso a todo tipo de bem disponível. Esse estado de consciência foi descrito como um Oceano do Espírito, a Alma universal ou divina, o Pai interior. Entrando em contato consciente com esse Oceano do Espírito ou o Pai interior, descobrimos o Amor divino se derramando em expressão de modo que não vivemos mais pelo esforço pessoal, mas pela graça. Em vez de procurar nosso bem em pessoas ou coisas, tocamos nessa Alma universal e nos tornamos espectadores de Sua atividade, por meio das ideias que passam a ser o bem necessário à nossa experiência atual. É somente quando aprendemos a olhar para dentro, para esse Infinito Invisível, que começamos a compreender a natureza da graça.

Em vez de procurar ou desejar algo já existente em forma ou efeito, aprendamos a mudar o nosso interior e deixar o nosso bem se desdobrar a partir da Fonte divina, o Invisível Infinito. Que o homem de negócios olhe para o Divino dentro de si; que o doente e o pecador busquem a cura e a perfeição no seu interior. Que cada um de nós esteja sempre alerta, observando a consciência se desdobrar com novas e mais ricas formas de bem, experimentando a abundância da vida, pela graça. Entendendo que a Alma é o depósito eterno de todo o bem, permitimos que Cristo atue em nossa experiência. Que o nosso bem venha do infinito do nosso próprio ser, partindo do reino interior. Tocando esse centro, o Pai revela nossa herança como "herdeiros de Deus e coerdeiros com Cristo" em todas as riquezas celestiais. Isto é viver pela graça, o dom de Deus. Os filhos de Deus sempre vivem pela graça.

O segredo da graça é o contato com o Infinito Invisível, o centro universal do ser dentro de nós. Esta é a experiência do Cristo. Na literatura mística, esta experiência espiritual é chamada de Iluminação, Consciência Cósmica ou Consciência Crística; no Novo Testamento ela é chamada "nascer de novo" ou renascimento. Ler e estudar as Escrituras nos dá inspiração, tanto quanto meditar frequentemente sobre Deus e Sua criação. Isto também nos leva à verdadeira comunhão com o Pai e traz à nossa consciência o toque de Cristo. Manter a mente firme em Deus nos leva à consciência; algumas vezes chegamos a escutar uma voz e sabemos que "Ele cumprirá o que me é ordenado fazer". Aqueles que encontram essa luz não têm mais problemas de existência, já que agora são alimentados, vestidos e abrigados pela fonte infinita de vida chamada Cristo. Este momento de graça não pode ser adequadamente descrito, uma vez que aparece de maneiras diferentes para diferentes pessoas, mas todos os que recebem essa luz compreendem a experiência dos iluminados de todas as épocas.

A atividade de Cristo resultando numa vida de graça não é, de modo algum, limitada pelo passado. Atualmente, muitos homens e mulheres estão experimentando o Cristo e vivendo vidas de beleza, saúde, harmonia e alegria — pela graça. Uma vez que a verdade está disponível para todos aqueles que sabem ler, a iluminação espiritual se torna uma possibilidade a todo buscador sério. "Apega-te agora a Ele e fica em paz." Tomar consciência do Pai interior é o começo de uma vida pela graça. Viver pela graça nos permite fazer coisas maiores com melhores resultados em todas as nossas atividades. Este impulso espiritual e orientação divina nos permitem abrir mão de todas as preocupações com nosso bem-estar, das nossas famílias ou da nação. Medo, perigo ou carência só desaparecem quando o Consolador aparece. A voz da Verdade se revela dentro de nós dizendo "fique em paz" a cada turbulência que experimentamos. É como se houvesse uma Presença que sempre vai à nossa frente "retificando os lugares tortuosos", fazendo o deserto "florescer como a rosa" e abrindo as portas da oportunidade, de serviço e acolhimento. Quando a atividade do Cristo se manifesta em maiores e silenciosas ações de poder espiritual, nossa confiança e nossa fé crescem rapidamente. Firme nessa convicção interior, a luta contra toda forma de discórdia cessa, e passamos a viver não pela força, nem pelo poder, mas pelo "meu Espírito" — pela graça.

Certas pessoas já nascem com um grau da consciência do Cristo, mas toda pessoa com perseverança, dedicação e fidelidade suficiente pode desenvolver e cultivar a consciência de Cristo — "a mesma mente que existiu também em Cristo Jesus". Isso, no entanto, exige dedicação, consagração e uma receptividade que reconhece e saúda o Cristo quando Ele toca e desperta nossa Alma para o novo da vida. No silêncio do nosso ser, o Cristo fala e nós ouvimos: "Eu nunca te deixarei, nunca te abandonarei... Eu estarei sempre contigo, até o fim dos dias". Esta consciência da presença de Deus é desenvolvida com paciência e perseverança, em silêncio e quietude, abstendo-se do uso do poder mental ou do poder físico, de modo que o Espírito possa atuar. "Aquietai-vos e sabei que Eu sou Deus".

"Pois pela graça *sois* salvos através da fé; e isto não vem de vós: é dom de Deus..." Pela graça sois salvos.

Os Caminhos

Para cada homem se abre
Um Caminho, e Caminhos e um Caminho,
A Alma Superior busca o Caminho Elevado
E a Alma Inferior tateia o Baixo,
E no meio, nas planícies nebulosas,
Os demais se arrastam para lá e para cá.
Mas para cada homem se abre
O Caminho Elevado e o Baixo,
E cada homem decide
O Caminho para onde sua alma irá.

— *John Oxenham*[*]

---

[*]De *Selected Poems of John Oxenham*, editado por Charles L. Wallis (Harper, 1948). Utilizado com a permissão da Srta. Erica Oxenham e Harper & Brothers.

Capítulo II
O propósito

O objetivo da meditação é atingir a graça divina. Uma vez alcançada, ainda que em uma pequena medida, ela assume a nossa experiência, vive a nossa vida, realiza as coisas que dependem de nós, retifica os lugares tortuosos. Não mais vivemos somente de pão, mas por essa graça interior.

Os efeitos concretos da graça aparecem em forma de relacionamentos satisfatórios, suprimentos abundantes, negócios bem-sucedidos e esforços criativos. A graça interior deve vir a nós antes que as coisas deste mundo nos sejam acrescentadas. Mas nunca podemos receber a graça de Deus a fim de possuir alguma pessoa ou coisa, ou para chegar a algum lugar. Por isso a meditação não deve ser *usada* para trazer um automóvel, mais dinheiro ou uma posição melhor: sua finalidade é perceber Deus. Nela Deus se revela *como* a vida do ser individual, a personificação de todo o bem. Adquirindo a experiência de Deus, nosso bem surge, seja qual for a necessidade. Falhamos na tentativa de conseguir algo que não seja Deus. Deus, em si, é o bem. As orações ou meditações por coisas materiais e por pessoas não podem ser respondidas por um Deus do Espírito. Tal objetivo anula o propósito da meditação.

As Escrituras nos dizem que o homem natural não compreende as coisas de Deus. Quem é o homem natural senão o ser humano, o filho pródigo, ainda mergulhado na consciência material, rezando para que sua materialidade possa se tornar um pouco melhor, um pouco mais rica, um pouco mais ou um pouco menos? Oramos para ser mais gordos ou mais magros, oramos para ter mais dinheiro, raramente ter menos, embora essa possa ser uma oração muito espiritual. A questão é que pedimos por melhoria ou aumento da mesma materialidade da qual Deus não tem conhecimento e, consequentemente, essa oração não é atendida. Muitas vezes nossos desejos, quando satisfeitos, nos deixam insatisfeitos, porque, como seres humanos, não possuímos a sabedoria para conhecer o que realmente necessitamos. É o Pai interior que é toda sabedoria e todo amor.

Para ser eficaz, a oração deve ser endereçada a um Deus do Espírito e, portanto, deve ser de natureza espiritual. Lembremo-nos disso toda vez que nos voltarmos a Deus em meditação. Podemos medir a qualidade da nossa oração pelo grau de iluminação espiritual que estamos buscando e, a partir disso, saberemos se vamos ser atendidos ou não. "Eu vim para que tenham vida e a tenham em abundância." A promessa é de plenitude, mas é importante que façamos um pedido espiritual; em outras palavras, não devemos rezar para que Deus melhore nossa humanidade, mas obedeçamos às Escrituras e deixemos o Espírito testemunhar dentro de nós: "já que não sabemos o que havemos de pedir, nem o que nos convém, deixemos o próprio Espírito interceder por nós...".

Na verdade não somos nós que rezamos ou meditamos: o Espírito medita no nosso interior e nós, simplesmente, abrimos nossa consciência deixando-O revelar nossa necessidade e sua própria realização. Nisso está o segredo. É totalmente diferente de fazer um trabalho mental, declarar ou afirmar que isso ou aquilo deve passar neste exato momento. Pelo contrário, entrando em meditação, nossa atitude deve ser semelhante à do menino hebreu: "Fala, Senhor, que o teu servo Te ouve". Eis a verdadeira atitude para entrar em meditação — abrir nossa consciência para Deus e deixá-Lo realizar-Se dentro de nós. Deixemos Deus proferir Sua Palavra dentro de nosso ser — não nossas palavras, mas a Palavra. Descobrimos que a Palavra é rápida, certeira e poderosa. Para que ela possa operar no lugar para o qual é enviada, Ela deve ser a Palavra de Deus, e não o nosso desejo. O verdadeiro aspirante no caminho espiritual não tem nenhum outro desejo que não seja a plenitude de Deus, a percepção de Deus, a experiência do Cristo. Como poderia haver uma necessidade não satisfeita se o Cristo está operando em nossa consciência? O Cristo deve cumprir-Se. Apenas um desejo é legítimo, ou seja, a percepção da atividade do Cristo em nossa consciência.

"O Pai, dentro de mim, faz as obras." O Pai está tanto dentro de mim quanto de você. Então, por que é que as obras não são feitas? Basta apenas uma coisa:

nossa percepção consciente da Onipresença. A atividade de Deus, a presença de Deus, o poder de Deus estão dentro de nós; mas, construímos um estado de consciência com tantas camadas do universo exterior, que não conseguimos atingir a presença de Deus dentro de nós e, até que o façamos, nossa meditação é em vão e o caminho para a plenitude se perde.

A maioria de nós busca a Deus de um ponto de vista puramente material: preocupados que o coração bata tantas vezes por minuto, que o aparelho digestivo funcione da maneira esperada, que acumulemos muito dinheiro, acreditando sempre que a satisfação pode ser encontrada no mundo externo. Alguns acreditam que o dinheiro trará essa satisfação; outros crêem que a fama é a resposta; outros, ainda, que a realização está em se ter boa saúde. Quantas vezes dizemos: "Quando esta dor passar, aí realmente poderei começar a buscar a Deus; não posso fazer isso enquanto estou com tanta dor" ou "se eu não precisasse mais pagar aluguel, estaria tranquilo e poderia buscar a Deus". Em outras palavras, essas pessoas sugerem que a percepção de Deus depende de alguma condição física ou financeira. O contrário é evidente, isto é, há inúmeros milionários que não descobriram Deus, assim como há pessoas em perfeita saúde que não conheceram a Deus, nem completude, muito menos paz ou plenitude. Esse é o estado de consciência da maioria de nós que buscamos a verdade. Vamos reverter esse quadro buscando a Deus em primeiro lugar e, ao encontrá-Lo, ver a dor, a carência, a limitação e o pecado desaparecerem.

Enquanto estivermos buscando apenas o bem-estar físico, não teremos a menor ideia do que são o reino de Deus, as riquezas ou a saúde espiritual. Devemos começar a meditação reconhecendo que nem a saúde nem a riqueza são o objeto de nossa busca por Deus. Qualquer desejo por coisas ou pessoas irá retardar nossa entrada no reino espiritual, mas a lembrança constante de que o objetivo que estamos buscando é a percepção de Deus abrirá o caminho até Ele. Nessa percepção, tudo nos é acrescentado ou, para ser mais exato, encontramos tudo dentro de nós.

É preciso perceber que não temos outro objetivo a não ser conquistar o reino de Deus e manifestar nosso Ser espiritual; porém, *isso* deve ser demonstrado, em primeiro lugar, para o nosso próprio desenvolvimento e, em segundo, como testemunho de que Deus é o Ser individual, e que esse estado de Ser pode ser alcançado por todos aqueles dispostos a desistir do mundo, não se retirando para algum lugar remoto, mas abrindo mão dos desejos que o mundo desperta.

Para os estudantes da sabedoria espiritual, o importante é: Qual é o melhor caminho, se é que existe algum, de se chegar à percepção de nossa verdadeira Individualidade? Existe um atalho? Existe um caminho que leve à percepção de Deus, que possa ser trilhado e alcançado aqui na terra? E a resposta é sim. O caminho é deixar de lado, sinceramente, todo o desejo relativo a pessoas, lugares, coisas, circunstâncias ou condições e substituí-lo por apenas um: conhecer a Ti, e quem O conhecer verdadeiramente, terá vida eterna.

Vamos direcionar todo nosso coração, alma e mente na percepção de Deus, em vez de algum tipo de bem. Quando atingimos essa compreensão, desfrutamos todas as coisas boas da vida, sem delas nos tornarmos escravos e sem medo de perdê-las. Ninguém pode perder sua riqueza, sua saúde ou sua vida assim que for tocado por Cristo. Então, que nossa oração seja:

Meu único desejo é conhecer-Te. Apenas isso! Meu coração clama: "Deus, abre-Te, revela-Te para mim. Eu não me importo se Te revelas na riqueza ou na saúde, na pobreza ou na doença; apenas quero que Te reveles a Ti mesmo. Em Tua Presença há segurança, paz e alegria".

Por meio da meditação buscamos a graça de Deus e nada mais do que isso. Essa graça não é encontrada na mente humana nem na paz que o mundo pode dar. Fazer declarações e ler livros sobre o assunto não a traz. Isso pode preparar-nos para recebê-la, mas é a meditação que nos eleva a um estado de compreensão espiritual, onde a graça divina se instala. "Se o Espírito de Deus habitar em vós", então seremos filhos de Deus. Como seres humanos estamos separados de Deus e por isso não estamos sob Sua lei e não experimentamos as bênçãos da Sua presença e do Seu poder. É o Filho de Deus, Sua imagem e semelhança espiritual, que habita no seio do Pai. Nós nos desviamos da casa de nosso Pai, e desperdiçamos nossa substância divina ao buscarmos um sentido pessoal de "eu". Agora, a fim de perceber a nossa filiação com Deus, tomamos o caminho de retorno à casa do Pai — o mesmo percurso que o filho pródigo teve de fazer — para que possamos ser cobertos com o manto e receber novamente a joia da adoção.

Como nos tornamos filhos de Deus? Como podemos despertar o Cristo, ou Filho de Deus, que sempre foi, é e sempre será a nossa verdadeira identidade, ainda que esteja escondida durante este período de mortalidade em que estamos dormindo? Exigirá esforço. Devemos abandonar todos os nossos conceitos anteriores de vida "por causa do meu nome". É preciso abandonar os prazeres do mundo material, deixar para trás todos os pensamentos, pessoas e atividades que nos afastam da nossa divindade e voltar para o Pai. É da natureza do ser humano gostar de facilidades: conforto, riquezas, intemperança, gula, preguiça e sensualidade. Tudo isso age em nossa consciência para nos afastar de Deus. E não é realmente um afastamento porque é impossível Dele nos separarmos, tanto quanto é impossível separar um anel de ouro do ouro do qual é feito. O ouro é o próprio anel. Se o anel é constituído de ouro, não há como remover o ouro do anel sem destruí-lo, porque não existe ouro *e* anel; há apenas um anel de ouro.

Assim é conosco. Não podemos ser separados de Deus, porque não existe *nós*. Na verdade, não existe em todo o mundo, tal coisa como você ou eu, como indivíduos isolados. Sendo infinito, Deus é tudo que existe. Deus constitui você e eu; Deus constitui nossa vida, mente, alma e ser, exatamente como o ouro constitui o anel. O ouro é a substância; o anel é a forma. Deus é a substância; o indivíduo é a forma pela qual Ele aparece. Deus é a essência do nosso ser — vida, alma, mente, espírito, lei, continuidade e atividade. Ele é a totalidade do ser individual, seja do santo ou do pecador. O grau de santidade expresso por um indivíduo depende totalmente do grau de percepção consciente da sua unidade com o Pai. A capacidade para o pecado no indivíduo depende do grau de seu sentido de separação de Deus. Na verdade, este sentimento de separação é o que caracteriza a humanidade.

Nós não somos seres humanos como parecemos ser; somos puramente seres espirituais. Não é que existem dois seres separados — o ser humano e o ser espiritual; o que acontece é que o ser humano se ilude achando que há separação de Deus. Não podemos ser separados de Deus, mas podemos imaginar um sentido de separação Dele. No momento em que a sensação de separação começa a desaparecer, a Cristicidade ou a divindade filial é revelada. O filho pródigo retorna integralmente para dentro de si mesmo como uma atividade da consciência e, no momento em que se encaminha na direção da casa do Pai, entra no caminho espiritual.

Não é mérito nosso estarmos no caminho espiritual. Se não fosse pela graça de Deus, não buscaríamos perceber nossa filiação divina. Num certo momento, somos atingidos por um raio de Deus, um toque que rompe nossa consciência, não por causa de nós, mas apesar de nós. A partir do momento em que o raio nos toca, o fim é inevitável: encontraremos o caminho que nos levará diretamente ao trono de Deus.

Do ponto de vista humano, o modo de vida espiritual parece impossível de se adquirir, efêmero e intangível. Mas, na realidade, o que é mais palpável, o que é mais real em todo o mundo é o Espírito ou Deus. Uma vez que isso é percebido, as coisas deste mundo — dinheiro, nossas casas, nossos relacionamentos — passam a ter o lugar certo como símbolos externos da graça ou efeitos do Espírito. São esses símbolos ou efeitos que mudam. Enquanto homens e mulheres viverem apenas do pão, envolvidos nas lutas e esforços das atividades humanas, enquanto forem dependentes exclusivamente de símbolos ou efeitos, descobrirão, finalmente, que esses bens materiais acabam, são consumidos e evaporam. Vemos os resultados de dependência às coisas materiais quando olhamos para os rostos daqueles que vivem sob esses efeitos, dependendo da saúde de seus corpos, da riqueza de seus bolsos e das coisas deste mundo.

Em contraste com essas pessoas, algumas se destacam, aqui e ali, por possuírem uma luz interior, uma esperança interior, uma expectativa ou glória que as conduz. Essa luz espiritual é facilmente detectada: nós a vemos nos olhos, ouvimos na voz, observamos na vitalidade e vigor do corpo. Embora essa Presença seja invisível, Ela está dentro de cada um de nós; ninguém no mundo está sem Ela; e está disponível para todos os que têm ouvidos para ouvir e olhos para ver, todos que são receptivos à graça divina.

O único propósito de nossa existência é sermos um instrumento adequado através do qual a glória de Deus possa manifestar-se. Jamais nos realizamos na vida tentando expressar *nossa* própria individualidade; a realização está em deixar o Infinito Invisível se expressar. Então, não nos esforçamos e lutamos para nos glorificar, mas cada vez que meditamos é como se disséssemos:

"*Pai: 'Eu não posso, de mim mesmo, fazer nada... A minha doutrina não é minha, mas Daquele que me enviou.' Eu não tenho a sabedoria por mim mesmo, Pai; não tenho poder, não faço nenhum julgamento, não tenho saúde e não possuo nenhuma riqueza. Estou sentado aqui para deixar o infinito fluir*".

Nossa função é permanecer nessa percepção interior e deixar a harmonia aparecer. Como a nossa visão está no desdobramento do Cristo, Ele aparece externamente como um ser humano melhor, mais saudável ou mais rico. Mas não somos ludibriados pelas aparências, porque não estamos procurando uma mudança na imagem humana. A meditação não é uma tentativa de transformar a doença em saúde ou a falta em abundância. A busca é sempre por um Cristo invisível no centro de nosso ser, aqui e agora.

Qualquer meditação que tenha, dentro de si, um desejo, por menor que seja, de obter algo de Deus ou por intermédio de Deus, já não é meditação. O bem é para ser percebido, sim, mas não para ser alcançado: a infinitude do bem já está onde eu estou, pois o reino de Deus está dentro de mim. A Presença e o Poder de

Deus, o todo da Divindade, estão trancados dentro de nosso ser, assim como o perfume está preso em uma flor. Quando a flor se abre, o perfume sai. Todos têm a totalidade da Divindade, e não apenas uma parte, trancada dentro de seu próprio ser. Deus não pode ser dividido; Deus é indivisível. Deus é infinito, mas é indivisível. A totalidade de Deus está numa minúscula folha e em todas as folhas: a totalidade de Deus está em cada indivíduo na face da terra.

Se isso não fosse verdade, teria havido menos de Deus na Terra, quando a população era apenas dez por cento do que é hoje e, na mesma moeda, haveria o dobro de Deus na Terra quando a população duplicasse. A mesma quantidade de Deus já existia no mundo um milhão de anos atrás, tanto quanto haverá daqui a um milhão de anos. Deus está, em Sua infinita totalidade, onde estiver cada indivíduo. É por isso que se diz que um Cristo Jesus pode levar um milhão de pessoas para o céu, porque um Cristo Jesus é o Filho individual infinito de Deus manifestando tudo o que Deus é. "Filho, tu sempre estás comigo e tudo o que é meu é teu" não é dirigido a um grupo, mas a um indivíduo. Deus, na Sua infinita totalidade, está incorporado no Filho de Deus, que é nossa identidade espiritual. À medida que aprendemos a nos voltar para dentro e deixar esse perfume apreendido sair, esta atividade do Cristo, esta beleza de Deus torna-se visível.

Quando não mais procuramos a paz que o mundo pode dar, mas buscamos apenas "a minha paz", as portas da consciência se abrem para receber a luz espiritual que se torna a vida do nosso ser e do nosso corpo. Muitas pessoas desejam poder espiritual, a fim de desfrutar experiências mais harmoniosas; buscam a Deus geralmente para aproveitar mais e melhor as coisas terrenas, pegarem peixes cada vez maiores e melhores em suas grandes redes. Mas a base do nosso trabalho é "largar as redes", parar de buscar mais e melhores coisas deste mundo e abrir a consciência para as realidades espirituais. Assim, as coisas que nos chegarem do mundo externo serão frutos de uma graça interna. A graça só pode ser alcançada por um estado de silêncio interior, um estado de consciência e receptividade internas e, portanto, é necessário que possamos preparar-nos para a experiência de receber essa graça. Este é o propósito da meditação.

A quantidade de força e poder iluminados que flui através de nós é determinada pela graça divina. Se vamos ou não alcançar o objetivo final da iluminação, não é nosso problema. Alguns irão buscar lutando até se esgotarem e, mesmo assim, não irão alcançá-la; outros terão mais calma e perseverança; e outros ainda, espontaneamente, se sentirão invadidos pela Consciência Crística. A experiência de Cristo se obtém apenas através da graça. Em qualquer grau que ela venha, é um dom de Deus — não como recompensa, nem por nossos méritos e muito menos por sermos bons — na verdade, é provável que venha para o pecador, porque a sua luta interna pode ser maior do que a do homem bom, e tal luta é muitas vezes altamente recompensada.

A única responsabilidade que temos é querer fazer a experiência do Cristo manifestada pela sinceridade do nosso estudo e pela profundidade da nossa meditação e devoção. Essa é nossa responsabilidade. O Cristo-experiência é puramente um presente de Deus. Não é recompensa, não é mérito, ninguém sabe por que vem para uns e não para outros.

Na experiência de todo aluno sério, há um período de iniciação, ou seja, um período de abertura da alma. Pode ser alcançada por meio de algo que é ouvido, algo que é lido ou pode vir pelo contato direto com a consciência de um mestre espiritual. Quando vem, o estudante não precisa mais de ajuda de fontes externas a si mesmo. Todo o seu ensino é recebido a partir de dentro: toda iluminação, poder de cura e poder regenerativo vêm de dentro. Desse momento em diante, ele se torna uma bênção para todos que cruzarem seu caminho, trazendo-lhes cura e conforto.

Ao nos aprofundarmos no Espírito, despertamos nos outros essa mesma Cristicidade: "Eu, quando for elevado, atrairei todos a mim". Na proporção em que recebemos a luz espiritual, essa luz torna-se uma lei para aqueles que nos cercam. Todos os que já se curaram através dos meios espirituais, o fizeram pela luz de sua consciência. Qualquer que seja o grau de luz que percebemos, nos tornamos, automaticamente, nesse mesmo grau, uma luz para todos aqueles que tocam a nossa consciência. Esse é o objetivo da meditação: que cada um possa atingir um grau maior dessa luz por intermédio da experiência do Cristo.

Uma vez que tenhamos alcançado esse contato com o nosso Ser interior, nos libertamos: não somos escravos de nenhum homem, nenhuma circunstância, nenhuma condição. Somos livres em Cristo e então podemos dizer: *Cristo vive minha vida. Que diferença faz se há ou não períodos de depressão ou prosperidade, de inundações ou seca? Cristo vive minha vida. Ele me conduz junto a águas tranquilas; Ele me faz repousar em pastos verdejantes. Mil cairão à minha esquerda e dez mil à minha direita; mesmo assim, nada me atingirá. Eu fiz esse contato. Morro diariamente para minha humanidade; renasço do Espírito; sou guiado, dirigido, alimentado, mantido, sustentado, curado e salvo por essa luz interior, essa iluminação interior.*

O segredo é o despertar do Cristo adormecido, e esse é o objetivo da meditação.

Capítulo III
A prática

Aqui estão muitas formas de meditação que levam ao despertar do Cristo adormecido no interior, não existindo, porém, uma forma particular para todas as pessoas. Em suma, cada pessoa deve encontrar o caminho que mais agrada à sua consciência. Todos são métodos para trazer esse profundo sentido de humildade que sabe que "Eu de mim mesmo não posso fazer nada". A meditação correta requer um desapego do eu pessoal, em sua pretensão egoísta de possuir uma sabedoria própria, a fim de que o Poder que chamamos de Pai interior possa assumir. Este poder está dentro de nós — não dentro do nosso corpo, mas dentro da nossa consciência — e, através da meditação, lhe permitimos sair; ele pode agir fora e se tornar o salvador de nossa experiência.

A fase inicial da meditação pode ser uma contemplação de Deus: a beleza do universo de Deus, a lei de Deus e a atividade de Deus. Nossa vida se torna a de um espectador, contemplando a glória de Deus em todas as coisas: na grama verde, na brisa suave, no balanço do oceano e na calma da noite. Neste estado contemplativo do ser não podemos contemplar qualquer coisa neste mundo, sem ao mesmo tempo reconhecer sua causa, a atividade espiritual invisível que a produziu. Nunca devemos olhar para um amanhecer ou um pôr do sol sem, imediatamente, perceber a natureza espiritual daquilo que o trouxe à expressão — Deus, o Princípio criativo das montanhas, dos céus e dos mares. Deus, o Princípio criativo que preenche o ar com aves e os mares com peixes. Se vivermos continuamente nessa contemplação da Presença e do Poder invisíveis, subjacente a todas as coisas, este lugar em que estamos é terra santa.

Quando refletimos sobre a glória de Deus, contemplando Suas maravilhas, nossa mente fica firme em Deus, e notamos que cada vez menos pensamentos estranhos entram em nossa consciência. Somos capazes de nos sentar por vários minutos, às vezes durante horas, em paz e contemplação de Deus e da beleza do universo espiritual. A contemplação eleva a nossa consciência a uma atmosfera de receptividade, a uma consciência onde os milagres podem acontecer. A mente consciente para e dá oportunidade para a Presença e Poder invisíveis trabalharem. Até que Ele — esse Ser, essa Presença e Poder invisíveis — tenha permissão para agir na consciência, estamos meramente funcionando no nível mental.

A mente humana não pode ser o caminho para a atividade da Alma: uma consciência mais elevada deve ser atingida. Por meio dessa consciência mais elevada, por meio dessa mente que estava em Cristo Jesus, a Alma e Sua atividade se revelam como a nossa experiência individual. Aquele que se revela a nós a partir da consciência interior é poder, não os pensamentos que pensamos, não nossas declarações ou crenças, mas aquilo que se revela do interior e mais os sinais que se seguem é poder. Essa consciência interior não tem limites e, por se elevar a um nível superior, nos tornamos conscientes daquilo que se encontra muito além do nosso conhecimento imediato. Essa consciência mais elevada é ilimitada e revela sua sabedoria infinita e eterna. É aquele lugar isolado dentro do nosso próprio ser, onde a atividade incessante do mundo exterior não se intromete.

Se formos fiéis na prática da contemplação e das formas mais simples de meditação, essa prática vai levar-nos de uma forma a outra, até que cheguemos à experiência real de ouvir a voz mansa e delicada, de receber orientação divina a partir de dentro e de ser divinamente guiado a cada passo do caminho.

Vamos começar sentando numa posição confortável. Algumas pessoas preferem uma cadeira reta, ainda que dura, assim são obrigadas a sentar-se numa posição vertical, ao passo que outras se encontram mais confortáveis numa poltrona. Mantenha os pés apoiados no chão, o corpo ereto, com as mãos descansando no colo. Nessa posição natural, relaxada, mas alerta, comece a sua meditação com alguma passagem da Escritura que venha a seu pensamento, ou, se quiser, pode abrir a Bíblia ou um livro de sabedoria espiritual e ler por um pequeno período. Você pode ler apenas um parágrafo ou pode precisar ler dez páginas, antes que algum pensamento em particular atraia sua atenção. Quando isso ocorrer, feche o livro e leve esse pensamento para sua meditação. Pense nele, mantenha-o bem à frente, repita-o para si mesmo. Pergunte-se: Por que essa citação especial veio a mim? Será que ela tem um significado interior? Qual é o seu significado para mim neste momento? Quando continuar a meditar, outra declaração pode vir à sua mente. Considere estes dois pensamentos: Existe alguma relação entre eles? Existe alguma coerência? Por que essa citação seguiu-se à primeira? Nesta altura, provavelmente, uma terceira ideia, e em seguida uma quarta, terão chegado, e todos esses pensamentos terão saído de sua consciência. Nesse curto período de meditação, que pode ter sido de duração de apenas um minuto, você experimentou Deus Se revelando, você se abriu para a Inteligência e o Amor. Essa é a Palavra de Deus: rápida, afiada e poderosa.

Para ter recebido uma declaração de verdade das profundezas do nosso próprio ser é evidente que temos um grau de percepção de Deus; uma paz e tranquilidade que desce, uma sensação de bem-estar e segurança do bem em nós. Se praticada fielmente, esta forma de meditação abre nossa consciência permitindo que Deus aja em nossa vida, permitindo que Cristo viva nossa vida — *mas isso deve ser praticado*. É necessário, portanto, retornar à meditação na primeira oportunidade e repetir o processo no meio do dia e novamente à noite. Podemos achar que não somos capazes de dormir continuamente durante toda a noite. No meio da noite, a solicitação vem: "Medite".

Esses períodos de silêncio, reflexão, introspecção, meditação e, finalmente, comunhão nos preparam para receber a graça interior. Mesmo que pareça não estarmos fazendo progresso algum nesses períodos de meditação — de três ou quatro minutos — durante o dia ou à noite — mesmo que não consigamos alguma resposta, não desanimemos, porque não temos como avaliar os resultados dos nossos esforços após um único período de meditação, mesmo depois de uma semana ou um mês dessa prática. Esperar resultados imediatos da prática da meditação seria o mesmo que esperar tocar Bach ou Beethoven após a primeira aula de música. Seria absurdo, após as primeiras seis horas da prática das escalas, desistir sem esperança, porque não conseguimos habilidade imediata em uma arte que requer um alto grau de habilidade técnica?

Se fôssemos firmes em nosso desejo de dominar essa arte, reconheceríamos que, a partir do momento em que começamos a prática de nossas escalas, algo estava acontecendo na mente e nos músculos. Isso pode exigir um ano inteiro de prática antes que qualquer grau de habilidade seja atingido. A conquista final não pode ser medida em termos de horas, dias ou até mesmo meses de prática.

Assim é com a meditação. Fizemos um bom início na primeira vez que fechamos os olhos e percebemos: *Eu estou buscando a graça de Deus, estou buscando a Palavra que sai da boca de Deus. Eu não sei como orar, então não peço nada deste mundo. Eu ouço Tua voz esperando pela Tua Palavra.*

Essa forma de meditação repetida uma dúzia de vezes por dia mudará toda a nossa vida, e é possível que as alterações possam ser notadas dentro de um mês. Toda vez que nos voltamos para esse centro interior, reconhecemos que nós, do nosso próprio ser, não podemos fazer nada, pois estamos buscando o reino interior. Esta é a verdadeira humildade, a verdadeira oração, um reconhecimento do nada da sabedoria, do poder e da força humana. Isso é o reconhecimento de que a sabedoria, o poder e a força vêm do Infinito Invisível. Esses períodos de silêncio criam uma atmosfera de Espírito em que Sua atividade, sem o nosso conhecimento, nos precede para fazer o deserto florescer como a rosa.

Aqui está um exemplo da forma simples de meditação em que começamos com uma ideia, um tema ou uma citação central e ponderamos sobre ela até que seu significado interior seja revelado:

"Eu não posso de mim mesmo fazer nada ...O Pai dentro de mim é quem faz as obras". O significado da primeira parte é aparente de imediato, mas o que se quer dizer com a afirmação de que o Pai dentro de mim faz as obras? O que é o Pai dentro de mim? Quem é esse Pai dentro de mim? Sabemos que, quando Jesus fez essa declaração, Ele estava referindo-se a Deus. Deve significar, então, que Deus dentro de mim faz as obras. Jesus disse que é seu Pai e meu Pai, então Ele parece estar dizendo-me que há um Deus-poder, algo no interior que faz as obras. O mesmo Pai que estava em Cristo Jesus também está em mim. Este Pai dentro

de mim, esse é maior do que aquele que está no mundo, maior do que os problemas do mundo. A Vida, a Inteligência e a Sabedoria que existem em mim são maiores do que aquelas que estão no mundo, maiores que meus inimigos, meus males, minha ignorância, meu medo e minhas dúvidas, e ainda maiores que meus pecados.

"Eu posso fazer todas as coisas em Cristo que me fortalece". Este Cristo é o Pai dentro de mim, o Poder divino interior, o que Jesus disse: "Não te deixarei, nem te desampararei". O Pai interior, o que me fortalece, nunca irá deixar-me, nem me desamparar. Antes que Abraão existisse, esse Pai estava dentro de mim, e Ele está comigo até o fim do mundo. É uma Presença e um Poder que tem estado comigo desde o início dos tempos, mesmo quando eu não sabia que estava lá, e irá ficar comigo por toda a eternidade.

Ele estará comigo, independente de onde eu estiver: se eu fizer minha cama no inferno, se andar pelo vale da sombra da morte... esse Pai estará sempre comigo. É uma Presença que nunca me deixa, um Poder que sempre me fortalece, que vai adiante de mim tornando retos os caminhos tortuosos, e planos, os ásperos. Eu sinto a Tua mão na minha. Eu sei. Eu sei que há um Poder que pode fazer todas as coisas. Eu sei que há uma Presença que pode viver minha vida por mim, tomando as minhas decisões, e mostrando-me o caminho da vida. O reino inteiro de Deus está dentro de mim. Tu nunca irás deixar-me nem me desamparar; eu nunca duvidei da tua Presença. Tudo isso me revelaste de dentro de mim. Eu Te agradeço, Pai; ocultaste essas coisas aos *sábios e entendidos e as revelaste para mim, um bebê na verdade, um novato no caminho espiritual.*

Esta prática de refletir sobre uma citação bíblica não é tão difícil para um iniciante ou simples demais para um aluno avançado. Como no exemplo dado acima, um pensamento, uma declaração central são usados para compreender e receber luz no seu significado interno, para que nunca seja usado como uma citação ou clichê metafísico. Estas formas primárias de meditação devem ser entendidas e praticadas antes das formas mais elevadas e mais difíceis.

Vamos lembrar que o nosso objetivo é desenvolver um estado de receptividade à voz mansa e delicada. Na meditação não pensamos sobre nosso problema, voltamo-nos para dentro e esperamos, esperamos e esperamos. Esperamos por três, quatro ou cinco minutos. Se no final desse tempo não tivermos sentido uma resposta dentro de nós mesmos, levantamo-nos e voltamos aos nossos deveres habituais. Uma ou duas horas mais tarde retornamos à meditação, esperando em silêncio, esperando até que a voz de Deus revele-se em nós. Os pensamentos que passam em nossa mente não nos envolvem, não estamos interessados neles. Esperamos até que sintamos a atividade do Cristo jorrando dentro de nós. Se não sentirmos o toque de Cristo em três ou quatro minutos, voltamos para nossas tarefas diárias, mas duas ou três horas depois meditamos novamente. Se necessário for, continuaremos essa prática durante anos, e se formos persistentes, chegará o dia em que haverá uma resposta interior, dando-nos a certeza de que existe algo em nosso íntimo que o Mestre chamou de "o Pai", e Paulo conhecia como "o Cristo".

O iniciante deve meditar três vezes ao dia, ou, se isso não for possível, pelo menos duas vezes, de manhã e à noite. Não é muito difícil de fazer, todos podem dispensar alguns minutos de manhã e à noite, mesmo que não se possa encontrar mais tempo para esse fim, durante as vinte e quatro horas. Para estudantes sérios, no entanto, sempre haverá outro intervalo em algum momento durante o dia. Pouco a pouco, esses períodos de meditação se tornam uma parte normal de nossa existência, e meditamos a qualquer momento ou em todas as horas do dia ou à noite; às vezes apenas por meio segundo ou por vários minutos em uma hora, enquanto estiver dirigindo um carro ou fazendo um trabalho doméstico. Aprendemos a abrir a consciência, nem que seja por um segundo, e nos encontramos em um estado de receptividade.

Considere algum aspecto ou face da verdade espiritual. Pode ser o termo "luz". Houve inúmeras pessoas que poderiam ser chamadas de "a luz do mundo". Jesus era a luz, assim como Elias, Paulo e João. Mas o que se quer dizer com a frase "a luz do mundo"? Voltemo-nos para o Pai e peçamos a Ele para nos dar luz sobre o tema da "luz". Conforme vamos desenvolvendo o ouvido alerta, ganhamos o sentido espiritual do termo, em vez do sentido literal como está nos dicionários ou a interpretação dada por algum escritor metafísico. Temos então nosso próprio Deus iluminando o tema "luz".

Talvez o significado da palavra "Alma" não seja claro. Muito poucos sabem o que a palavra Alma realmente significa, e isso é um dos mistérios mais profundos da sabedoria espiritual. Para compreendê-la, vamos voltar-nos para o Pai em busca de uma revelação sobre o tema Alma. Mais cedo ou mais tarde, quando mantivermos um estado de receptividade, começaremos a receber revelações sobre a natureza da Alma. Dessa forma, aprendemos a manter na consciência uma palavra ou um tema que estamos buscando entender, permanecendo na expectativa de que a luz brilhe sobre ela e nos revele seu significado.

A maioria de nós está familiarizada com a passagem "Minha graça lhe basta". Conhecemos as palavras, mas será de pouca ou nenhuma importância em nossas vidas, a menos que o seu significado interior seja revelado por meio da meditação. Só então essas palavras viverão em nós e se tornarão o Verbo. Quando acordamos devemos, conscientemente, trazer à memória a declaração de que a graça de Deus é a nossa suficiência em todas as coisas. Não as repetimos uma e outra vez, como uma vã repetição ou afirmação, mas mantemos essa afirmação na consciência e habitamos nela:

Tua graça me basta. — Tua graça — sim, a graça do Pai dentro de mim. O Pai está em mim, e isto é a graça do Pai, que é a minha suficiência em todas as coisas. Agora eu sei o que essa graça é, mas o que é a graça? O que queremos dizer por graça? O que é isso?

Pode levar dois ou três minutos para percebermos que "Tua graça" não está fora, mas dentro. E ela pode ser a extensão do desdobramento naquele momento. Duas ou três horas depois, porém, mais uma vez trazemos essa declaração à lembrança consciente. Desta vez, lembramos que estávamos considerando a palavra "graça". Não demorará muito para percebermos que já ouvimos a palavra graça descrita como um presente de Deus, como o que vem de Deus, sem nos esforçarmos para ganhá-la ou merecê-la. Essa graça, portanto, que é nossa suficiência em todas as coisas, é uma atividade de Deus dentro de nós.

Na meditação o significado da graça pode ser revelado a um, de uma forma, a outro, de outra totalmente diferente, mas para ambos com tal força abrindo as janelas do céu e derramando "uma bênção que não haverá espaço suficiente para recebê-la". Para cada um, algo diferente se desdobra a partir daquilo que lhe é dado.

Se formos sinceros, manteremos na consciência a declaração: "Minha graça é suficiente para ti", muitas vezes durante o dia. Se habitarmos na declaração da verdade estaremos meditando e cumprindo, assim, um dos mais importantes ensinamentos que já foram dados à raça humana: "Se vós permanecerdes em mim, e as minhas palavras permanecerem em vós, pedireis tudo que desejardes, e assim será feito a vós". Se mantivermos a Palavra viva em nossa consciência habitando nela quatro, cinco, dez vezes por dia e também ao acordar no meio da noite, descobriremos que estamos meditando. Nós estamos deixando a Letra da verdade habitar em nós e Cristo se tornar a atividade de nossa consciência.

O que é o Cristo? Se, verdadeiramente, deseja saber o que o Cristo é, comece com o reconhecimento muito humilde: "Pai, eu sei tão pouco sobre o Cristo; ajude-me a compreendê-Lo". Então, feche os olhos e mantenha sua atenção na ideia do Cristo. Toda vez que a mente tenta vagar, delicadamente traga-a de volta. Mantenha sua atenção centrada no Cristo. Basicamente, você irá captar a visão do real significado do Cristo, um significado difícil de explicar a alguém, mas você irá saber. O Cristo será uma presença real em sua consciência, será um poder, uma influência, um ser. Ainda, será algo que você não consegue definir. Não importa o que você possa dizer sobre o Cristo, Ele não será isso.

Um dia, no entanto, quando persistir nessa meditação, o Cristo estará vivo em seu coração e então você ouvirá:

Eu *nunca te deixarei. Assim como* Eu *estive com Moisés, assim* Eu *estarei contigo. Onde quer que vás,* Eu *irei,* Eu *estarei lá contigo. Lembra-te apenas de procurar e esperar por* Mim. *Não procures por algum sinal, não procures algo fora. Olha só para* Mim. *Se olhares apenas para* Mim, *um dia, quando precisares de água, ela brotará de uma rocha, ou quando precisares de comida, ela virá do céu, mas nunca procures por ela. Isso é o pecado, procurar por ela. Olhes só para* Mim.
Eu *estou caminhando ao teu lado.* Eu *estou dentro de*

ti. Eu *estou descansando em teu coração.* Eu *estou em tua mente, em tua consciência.* Eu *estou justamente aqui em teus braços, sob teus dedos. Tu* Me *sentes?* Eu *estou contigo.* Eu *irei à tua frente tornando os caminhos tortuosos.* Eu *nunca te deixarei. Olha para* Mim *e serás salvo. Busca-*Me *enquanto* Eu *puder ser encontrado, e todas estas coisas te serão acrescentadas. Busca-*Me.

A partir do momento em que essa consciência for nossa, demonstraremos a declaração de Paulo: "Eu vivo, não mais eu, mas Cristo vive em mim". Assim, essa atmosfera do Cristo estará sempre conosco, e nossa presença física torna-se uma bênção para todas as pessoas com quem entrarmos em contato. Porque nós estamos lá? Não, porque o Cristo está lá como a luz do nosso ser. O caminho é orar sem cessar. Nós nos abrimos, conscientemente, para a percepção do Cristo até chegar o momento em que tu e eu já não teremos de fazê-lo de forma consciente, porque não haverá mais um tu ou um eu para fazê-lo. Olha para mim, o Cristo, e serás salvo.

Capítulo IV
A união indissolúvel

Muito pouco progresso pode ser feito no caminho espiritual da vida até captarmos uma visão do que é Deus, do que é o nosso relacionamento com Ele e qual é a função Dele em nossa vida. Isso não pode ser uma experiência indireta, deve ser individual e abordada de uma forma completamente relaxada. Não devemos aceitar outra autoridade que não seja a nossa própria revelação interior. Para tal, estas questões nos levarão a meditar sobre Ele: O que é Deus? O que Deus significa para mim? Qual é o lugar e qual a função de Deus em minha vida?

Quantas pessoas já tiveram uma experiência de Deus? Quantos sentiram o fluxo do Espírito em sua mente, em sua alma, em seu corpo? O número é pequeno — apenas algumas centenas ou, no máximo, alguns milhares em uma geração, apesar de Deus estar disponível a cada homem, mulher e criança. Deus pede todo nosso amor e devoção; é preciso nos entregarmos a Ele, a fim de que Ele possa revelar a eterna doação de Si mesmo para nós. Devemos amar a Deus com todo o coração, mente e alma, amar a Deus tanto que seja esta a nossa única oração: "Eu preciso sentir Deus; preciso deixar Deus encher a minha alma, meu coração, minha mente, meu ser, meu corpo".

Referimo-nos a Deus como Inteligência, Mente, Princípio individual, mas Deus é pessoal também. A relação entre um indivíduo e Deus é mais próxima do que com a própria mãe. É como estender a mão e sentir uma presença que está sempre lá — suave, reconfortante em seu próprio silêncio, alegria, paz e calor. No momento em que tivermos uma experiência de Deus, lá estarão a gentileza, a paz, o calor e, com ele, um amor para tudo neste mundo, um sentimento de companheirismo e alegria entre todos.

O conceito normal de Deus é de um Deus separado de nós, que tem dentro de Si tudo de bom, mas que esconde de nós esse bem. Normalmente, oramos a Ele a fim de buscar ou obter algo: saúde, suprimento, oportunidades, companheirismo. A maioria de nós acredita que Deus possui esse bem, mas que, por alguma razão inexplicável, o está retendo de nós, e por isso pedimos a Ele que nos conceda. Às vezes, se nossas orações não são respondidas com rapidez, fazemos todos os tipos de promessas, que muitas vezes não temos intenção de cumprir, numa tentativa fútil de barganhar com Deus.

Num vão esforço de conciliar um Deus, supostamente amoroso, com um Deus que Se faz de surdo às nossas súplicas, muitas vezes nos censuramos, acreditando que algum ato maligno seja a razão pela qual Deus nos priva do bem. Alguns médicos afirmam que muitos dos males do mundo, tanto mentais quanto físicos, são o resultado do complexo de culpa. Inúmeras pessoas vivem em um estado de repetição, punindo-se, consumindo-se por um sentimento de culpa, às vezes por algum crime grave cometido no passado, porém, mais frequentemente, por um ato pequeno ou inconsequente. Se acreditarmos que somos punidos por um Deus vingativo, nosso conceito Dele é totalmente errôneo, porque Deus não se lembra de nossos erros e defeitos; Deus é puro demais para contemplar a maldade; Ele jamais pune pecadores. O pecador é punido por seu próprio pecado, não por Deus. Mesmo o pecador inveterado sabe que há certas leis de Deus que não devem ser violadas. Ele sabe que, ao violar tais leis, a punição virá, mas o que ele não sabe é que essa punição não é infligida por Deus, mas por ele mesmo.

Deus não é um Deus vingativo, nem mesquinho, nem, tampouco, doador. Deus é Amor e Ele nem premia nem pune, pois não há amor na recompensa, nem na punição. Se esperasse até sermos bons ou merecedores, até que encontrássemos as palavras certas para atingi-Lo, até que usássemos uma forma de meditação ou método de tratamento agradável aos Seus olhos para só, então, se dispor a conceder Suas bênçãos para nós, Ele seria um Deus cruel e caprichoso. Deus nunca nos dará mais do que nos está dando agora. Deus é sempre Deus, vida e amor. Ele, constantemente, expressa Sua vida e Seu amor.

Tiago diz: "Pedis e não recebeis, porque pedis mal". Toda vez que nos voltamos a Deus pedindo algo, esperando receber alguma coisa Dele, oramos errado. Ninguém precisa dizer a Deus para tornar a grama verde ou as rosas vermelhas; ninguém precisa dizer a Deus quando fazer as estrelas brilharem ou mudar as marés. Por que temos nós, então, a pretensão de dizer a Deus que estamos precisando de alguma coisa? Deus é a inteligência infinita deste universo. Se nosso Deus sabe como produzir uma pérola em uma ostra ou petróleo na terra, se nosso Deus sabe como direcionar os pássaros em seu voo e cobrir a terra com Suas maravilhas e glórias, não é essa mesma inteligência infinita suficiente para governar e guiar nossas experiências sem qualquer conselho, informação ou sugestão de nossa parte?

A base de toda meditação e oração deve ser uma compreensão da natureza de Deus e da nossa relaçao com Ele. Deus é Vida eterna, Inteligência infinita, Amor divino, mas "Eu e o Pai somos um... e quem me vê, vê aquele que me enviou". É Deus, o Pai; e Deus, o Filho; eternamente um. Quando atingimos essa percepção, Ele assume e age de forma harmoniosa, com alegria e abundância. No entanto, no exato momento em que nos voltamos a Deus com algum objetivo de obter, desejar ou até mesmo esperar, impedimos que Ele atue em nossa experiência, porque estamos colocando nossos conceitos e pontos de vista finitos, os quais interferem no fluxo de Deus. Quando nos recusamos a acalentar qualquer conceito do que a vontade de Deus deve ser, quando estamos na Presença divina, puros de coração, sem vontades finitas, sem desejos, esperanças e ambições pessoais, estaremos indo a Deus com as mãos limpas e o coração puro, podendo dizer com convicção e confiança: "Seja feita a tua vontade, assim na terra como no céu. Eu sou Teu, Tu és meu. Eu estou em Ti e Tu estás em mim. Tua vontade será feita em mim".

Inúmeras pessoas duvidam do amor de Deus, ou não estariam perdendo tanto tempo pedindo Suas bênçãos. Se realmente acreditassem que Deus é Inteligência e Amor divino, por que seria necessário aconselhar ou influenciar Deus? Deus *é*. Há maior oração do que essas duas palavras? Nada melhor do que essas duas palavras para atingirmos o interior de nosso próprio ser. Uma boa meditação vem com a convicção absoluta de que Deus *é*: Ele é Inteligência e Amor; não há nenhum poder além de Deus e nenhum poder em oposição a Deus. Não há nada que possa interferir na expressão do amor de Deus para Seus filhos. Tua graça é minha suficiência em todas as coisas, é o reconhecimento da presença, da sabedoria, do amor e do poder de Deus em nossa experiência. Prestemos atenção ao que acontece quando começamos a aceitar esse tipo de Deus e não mais buscamos algo fora de nós mesmos, simplesmente nos aquietando e dizendo: "Deus é".

Deus é um estado do Ser, um estado de Inteligência infinita e Amor sempre presente. A vida de Deus não pode ser prolongada nem encurtada, não pode envelhecer nem pode mudar: Deus é um estado de eterno, imortal, Ser infinito. "Deus é luz e Nele não há trevas... E Ele é capaz de fazer toda a graça multiplicar-se em vós; que vós, sempre pleno de todas as coisas, sejais ricos em toda boa obra." Essa deve ser a nossa atitude ao meditar.

Meditação é reconhecer a divina graça, reconhecer a natureza de Deus e nosso relacionamento com Ele, isto é, a unicidade. Somos os filhos de Deus, coexistindo com Ele: "E se filhos, então herdeiros, herdeiros de Deus e coerdeiros com Cristo...". Nosso Pai celestial conhece as nossas necessidades, mas algumas vezes oramos como se fôssemos criaturas insignificantes, que devemos prostrar-nos diante de um grande e tremendo ser, que possui nosso destino em suas mãos, não muito complacentes. Outras vezes, formulamos a maneira pela qual nossas necessidades devem ser atendidas, acreditando que podemos influenciar Deus a agir de acordo com nossos desejos. O que precisamos fazer é conhecer Deus, a totalidade de Sua Infinita Sabedoria, o Amor totalmente compassivo, o total poder Daquele que não conhece nenhum outro poder a não ser Sua própria natureza e Ser infinitos — impossíveis de serem traduzidos em termos humanos. Deixemos que nossa meditação seja o reconhecimento do próprio Deus e descobriremos que isso será o bastante.

Deus é um: único Poder, única Lei, única Substância, única Causa. Esse ensinamento da unicidade é, provavelmente, o maior ensinamento espiritual já dado ao mundo. O ministério inteiro do Mestre, Cristo Jesus, foi baseado no velho ensinamento hebraico da ideia de Deus como único: "Ouve, ó Israel, o Senhor nosso Deus é um". Segundo o Gênesis, no início Deus criou o mundo e tudo o que havia nele. O que Deus não criou não foi criado. Sob a luz dessa verdade existe somente uma Substância e, assim sendo, não há nada a ser destruído, a ser curado ou melhorado. Há apenas uma Lei e, portanto, não podemos usar a Lei de Deus para destruir alguma outra lei e seus efeitos. Quando entendemos Deus como Vida, há apenas uma Vida; portanto, não há uma vida para salvar, outra para curar ou redimir. Só existe uma Vida.

Agora que conhecemos todas essas coisas sobre Deus, olhemos para elas como marcos ao longo da estrada da vida, que há muito já passamos. Esqueçamos todos eles. Ninguém irá descobrir Deus até que esteja despojado de todos os seus conceitos sobre Ele, até que deixe para trás qualquer definição que já tenha ouvido sobre Ele e se entregue para descobrir o Irreconhecível. Não se pode conceber Deus como um pensamento ou um conceito correto, porque um conceito sempre permanecerá um conceito.

Então, como podemos chegar à percepção do que é Deus? Depois de ficarmos bem fundamentados na letra da verdade, chega um momento em que devemos estar dispostos a admitir que todo o nosso conhecimento a respeito de Deus está no nível intelectual, e que nada que conhecemos através da mente é verdade absoluta. Nada do que podemos pensar ou ler sobre Deus é verdade, porque isso representa apenas opiniões limitadas e humanas sobre Deus. Para João, Deus revelou-se como Amor, mas não podemos aceitar isso como a Verdade, porque não sabemos como João compreendeu e usou o termo amor. Para Jesus, Deus era Pai, porque o mais profundo significado dessa palavra foi revelado na Sua consciência. A percepção de Deus deve vir como uma revelação individual a cada aspirante no caminho espiritual.

Durante os anos da minha própria revelação foi necessário deixar de lado cada uma das definições comumente aceitas sobre Deus, porque não me era possível entender o que aqueles que as revelaram queriam dizer. Quando todos os conceitos tinham sido deixados de lado, fiquei com o termo "o Infinito Invisível". Por que "o Infinito Invisível"? Porque o Infinito Invisível não significava nada que eu já conhecia. Ninguém pode compreender o Infinito; ninguém pode ver o invisível. O Invisível Infinito é um termo que denota algo que não pode ser compreendido pela mente finita. Isso não significa, porém, que o Infinito Invisível é o termo correto para Deus. É correto para *mim*, porque ele *me* fornece um termo que *minha* mente não consegue abarcar. Isso me satisfaz. Se eu pudesse entender o significado do Infinito Invisível, seria no nível de minha compreensão humana, e eu não quero esse tipo de Deus.

Deus não pode ser conhecido com a mente humana, mas, se ficarmos em silêncio, alertas, porém quietos, Ele se revela. Deus está exatamente onde estamos. "...Para onde fugirei da tua presença? ...Se faço a minha cama no inferno, eis que estás ali também." A presença de Deus está em nossa consciência. Não temos de procurá-Lo, ainda que mentalmente, ou buscá-Lo como se estivesse longe ou como se fosse algo difícil de alcançar. Muitos descobriram que, desistindo dessa busca frenética, aprenderam a se aquietar e assim cessou a repetição de palavras e frases sem sentido, até que um dia veio o despertar e descobriram que Deus estava bem ali ao seu lado, em silêncio, todo o tempo, sussurrando: "Por que não se aquieta e deixa-*Me* dizer-lhe algo?". Como esse *Eu* falaria para nós em um momento de desespero, se estivéssemos num deserto, perdidos, sem conseguir encontrar ajuda ou alguém para nos resgatar? Quando silenciamos, ouvimos Suas palavras sussurradas:

O lugar em que estou é terra santa. Para onde fugirei do teu Espírito? "Ainda que eu ande pelo vale da sombra da morte, não temerei mal algum, porque tu estás comigo." Solitário, mas não sozinho; impotente, mas não desamparado; uma ajuda divina está aqui onde estou, ela não precisa me encontrar e eu não tenho de encontrá-la. Deus está aqui, onde eu estou. O Reino de Deus está dentro de mim, pois eu e o Pai somos um. Deus não está perdido e tenho certeza de que Ele não me perdeu. Se eu estou aqui, Deus também está.

Essa é uma meditação poderosa. Não pedimos, imploramos, suplicamos por nada. Reconhecemos a Verdade conhecida por Jesus, João, Paulo, Moisés e Elias, a Verdade que todos eles revelaram: que, onde eu estou, Deus está. É um ensinamento universal que todos os mestres e professores espirituais conheceram ao longo dos tempos, mas que foi perdido pela adoração de um Deus distante e da crença de que Ele e Seu amado Filho são seres separados.

Nesta meditação, percebemos que Deus está dentro de nosso próprio ser e não confinado dentro dos limites de nossa carne. Nenhum cirurgião pode operar e encontrar Deus, pois Ele está dentro de nossa própria consciência, mais perto que a respiração e mais próximo do que mãos e pés. Se, porventura, estivermos numa situação de discórdia, nunca nos esqueçamos de que nossa salvação está mais próxima do que a respiração, porque eu e o Pai somos um.

Observe esta afirmação: "Eu e o Pai somos um". Visualize uma única figura e veja contido nela o Pai, o Filho e o Espírito Santo. Essa unicidade é Deus, o Princípio Criador, invisível; esse um é o Filho aparecendo como a figura única; esse um é o invisível Espírito Santo, que mantém e sustenta o Filho por toda a eternidade. Essa unidade nunca se torna dois, nem menos um, porque há algo inerente a ela que mantém sua unicidade.

Exatamente assim, cada pessoa é uma com Deus. Essa unidade inclui Deus, o Pai; o Filho, a identidade individual; e o Espírito Santo, a atividade de Deus, que mantém e sustenta essa unicidade, a identidade individual, chamada Rute, Roberto ou Joel. O que vemos neles não é tudo o que há; existe mais do que aquilo que os olhos contemplam, porque justamente, onde essas formas aparecem, está o Princípio criativo, a Atividade que sustenta. Existe uma identidade individual chamada Roberto: Roberto, o Filho; Roberto, o Pai; o Espírito Santo Deus. Deus, o Pai; Deus, o Filho; Deus, o Espírito Santo. Isso acaba com todo sentido de separação de Deus. A atividade de Deus mantém cada identidade individual até a eternidade, apoiando, alimentando, sustentando e concedendo-lhe Sua abundância, sucesso e graça. Permaneçamos silenciosos e sejamos alimentados, mantidos, sustentados e dirigidos por essa Força invisível, cuja função é ser o Messias.

O objetivo desta meditação é chegar ao significado verdadeiro da unidade, o significado interno da declaração: "Eu e meu Pai somos um". Vamos focar nossa atenção sobre essa declaração. Às vezes podemos achar que é difícil manter nossa atenção numa linha de pensamento por certo período de tempo, mas, se perdermos o fio, podemos suavemente voltar para ele desta maneira:

"Eu e o Pai somos um". Como uma onda é una com o oceano, eu também sou um com Deus; como um raio de Sol é uma emanação do próprio Sol, assim Eu sou um com Deus. Portanto, nunca estou perdido. Nunca estou só. A presença de Deus está aqui onde eu estou, neste mesmo lugar onde me encontro, mesmo que eu o chame de inferno. Mesmo no vale da sombra da morte, não temerei, porque Deus está comigo.

Eu *nunca te deixarei, nem te desampararei. Antes que Abraão existisse,* Eu *sou. Antes que Abraão existisse,* Eu *estava contigo e estarei contigo até o fim do mundo.* Eu, *no meio de ti, sou poderoso:* Eu *em ti e tu em Mim somos um. Onde quer que vás,* Eu *irei, seja leste ou oeste, norte ou sul, no céu ou no mar — onde quer que vás,* Eu *irei.* Eu *nunca te deixarei, nem te desampararei.*

Se andares pelas águas, não te afogarás, porque Eu estou contigo. Se passares pela fornalha, as chamas não te queimarão, porque Eu estou contigo.

A natureza de Deus é *Eu*. Silenciosamente, humildemente perceba que esse *eu* que você pensa ser, esse *eu* que pensa ter problemas, é Deus. Como, então, *você* pode — esse *Eu* — ter problemas ou conhecer limitação? Se você acredita que Deus é tanto seu Pai quanto meu e que Ele está dentro de você, quanto de mim, como pode estar sem orientação, sem proteção e suprimento? Quando você percebe a natureza de Deus como sendo *Eu*, esse eu, não tem mais problemas.

É muito pouco provável que qualquer um de nós se perca num deserto, mas jamais duvidemos que em algum momento possamos estar em uma tal situação, só para descobrir que Deus aparece para nós como maná do céu, como água brotando de uma rocha ou como o mar se abrindo. Do Gênesis ao Apocalipse, a Bíblia é a história da sua vida e da minha. O que aconteceu com Moisés, Elias, Jesus, João, Paulo acontecerá em nossa experiência, de algum modo. Se nos perdermos na mata, descobriremos que onde estamos Deus está; que o lugar em que estamos é solo sagrado e que a voz do Senhor nos mostrará o caminho que devemos seguir. Não ouviremos Seu conselho, se crermos que a voz de Deus foi reservada a Jesus, Isaías, Elias ou Moisés, dois ou três mil anos atrás. Conseguiremos ouvi-la somente se pudermos aceitar Deus como um: Deus, o Pai universal e Deus, o Filho.

Toda meditação sobre Deus é infrutífera, a menos que percebamos que o que é verdade em relação a Deus é verdade em relação a nós, como seres individuais infinitos. Apenas quando estabelecermos a natureza infinita de Deus como a natureza do ser individual, atingiremos a percepção total que traz harmonia em nossa experiência.

A natureza de Deus é *Eu*, esse *Eu* que habita dentro de nós, esse *Eu* que reconhecemos estar individualizado como sendo o nosso próprio ser. Esse *Eu* não é o corpo visto com nossos olhos, não é o eu egocêntrico que acredita que um ser humano tem todo o poder ou que um ser humano é Deus, mas, sim, esse *Eu* meigo e vigilante no centro de nosso ser. O "eu" humano egocêntrico deve "morrer diariamente" para que o *Eu* divino possa nascer novamente em nós e para nosso relacionamento divino ser revelado.

Deus é o ser individual. Deus é o seu ser e o meu ser; Deus é o ser de toda forma de vida — humana, animal, vegetal, mineral. Ele *é o ser individual*. Deus é a lei, a vida, a alma, a substância do ser individual, e, portanto, tudo o que Ele é, eu sou: "tudo o que o Pai tem, é meu". Esse é um belo versículo, mas não tem valor prático a menos que nos tornemos encarnações vivas desse princípio.

Deus é o meu ser individual e constitui o meu ser; Deus é a vida, a alma e o espírito do meu ser. É a própria substância da qual meu corpo é formado. Sou regido só pelas Suas leis, não pelas leis de falta ou limitação, nem pelas leis de alimentação, clima, digestão, crenças médicas ou teológicas. Deus é a única lei — uma lei de imortalidade, eternidade e perfeição que mantém e sustenta a si mesma.

Somos tentados a acreditar, de uma forma ou de outra, que temos um ser separado e apartado de Deus. Essa tentação pode vir quando nos vem um pedido de cura. Nossa primeira resposta pode ser: "Oh, eu não tenho conhecimento suficiente". Se estivermos atentos reconhecendo a verdade de Deus como ser individual, perceberemos:

Com certeza eu não tenho e nunca terei entendimento suficiente para curar alguém ou alguma coisa. A saúde não veio através da minha compreensão. A saúde deve vir como a atividade de Cristo, não pelo meu entendimento, nem pelo que eu sei ou não. Sou um instrumento disponível, Pai. Estou disposto a me aquietar, a deixar Tua atividade agir através do meu ser e Tua graça ser a suficiência para esta pessoa ou situação. "Eu, de mim mesmo, nada posso fazer..." Eu, o Filho, sou apenas o instrumento para o Eu, o Pai.

Somente Deus é a fonte de tudo o que existe: de todo suprimento, saúde e relacionamentos. Se usarmos nosso dinheiro como se estivesse sendo tirado das nossas próprias reservas, nosso suprimento será reduzido na mesma proporção; será diferente, porém, se reconhecermos que esse dinheiro, realmente, não nos pertence, mas, sim, a Deus, porque "a terra é do Senhor e toda a sua plenitude". Todo suprimento está em Deus e é de Deus; portanto, usemo-lo como se fosse plenitude de Deus e não nossa. Assim veremos que não teremos menos; pelo contrário, nos sobrarão doze cestos cheios, o mesmo princípio ilustrado pelo Mestre quando multiplicou os pães e os peixes.

A Bíblia ensina que a terra e toda sua plenitude são do Senhor. Mesmo quando estamos repetindo tais palavras, contudo, muitos ainda acreditam que a abundância de Deus é algo separado e à parte de nós, e que, em algum momento, haverá uma transferência e aquilo que pertence a Deus se tornará nosso. Isso é tão ridículo quanto acreditar que as lindas flores crescendo em nosso jardim nos pertencem. Toda a natureza iria rir de tal ideia. Deus é a fonte de cada flor que floresce num jardim e é a fonte de tudo. Que diferença isso faz se a plenitude do Senhor floresce como uma flor ou como dinheiro? Não há nenhum ponto de transferência entre o que está em Deus e aquilo que está em nós. Tudo o que está em Deus está em nós neste exato momento, porque "Eu e meu Pai somos um", Deus, o Pai, o Princípio criativo, invisível; Deus, o Filho, o visível, e Deus, o Espírito Santo invisível, a influência que mantém e sustenta.

Este é o ensinamento do Mestre: "negar a si mesmo" ou "morrer diariamente". Este é o ensinamento de Paulo: deixar a mortalidade ser descartada para que possamos ser revestidos de imortalidade e para que Deus possa ser revelado em toda a Sua glória, como ser individual. Enquanto existir um "eu" pessoal tentando adquirir, realizar ou conseguir coisas, haverá uma individualidade lutando para manter-se separada e apartada de Deus. Mas é possível morrer diariamente;

é possível negar a si mesmo, porque a única coisa a ser negada é que posso de mim mesmo ser ou ter qualquer coisa: ser bom, ser espiritual, ter o poder espiritual, ter saúde ou ter riqueza. Essa é a única negação de si mesmo que existe, e isso é morrer diariamente. É deixar de tentar ganhar alguma coisa para si. A lição em si é fácil: não desejar adicionar maiores ou melhores peixes às redes. Deixemos de ter qualquer necessidade de peixes, pois todos eles pertencem a Deus e tudo o que pertence a Ele nos pertence. Ao negar o sentido pessoal de nós mesmos, glorificamos o Ser que realmente somos — o Eu-Deus — que é o nosso verdadeiro e imensurável Ser.

Reconhecendo Deus como ser individual, estamos reconhecendo o infinito no centro de nosso próprio ser, o infinito que podemos permitir fluir de nós para o mundo. No entanto, no exato momento, em que um desejo de conseguir, adquirir, demonstrar ou ter qualquer coisa entrar em nossos pensamentos, impedimos esse infinito de se manifestar. Quando reconhecemos que não somos mais do que o instrumento para a Sua entrada na consciência humana, carregamos conosco a santa e espiritual vibração da totalidade de Deus dentro do nosso próprio ser. Percebemos que, sem o menor egoísmo, desejo de glória pessoal ou lucro, qualquer pessoa com sincera intenção, em qualquer lugar, que venha procurar a glória de Deus por intermédio de nós, poderá recebê-la suficientemente — não pelo que conhecemos ou possuímos. E assim, na paz e na tranquilidade, o fluxo começa a se derramar de nós em forma de calor, libertação e alegria. O que nos torna livres é a capacidade de ficarmos em silêncio e constatarmos que o "eu" de nós é Deus — nosso ser individual, nossa natureza, caráter e particularidades — e que, tudo o que Deus é, flui de nós como uma visível manifestação.

Quando se estabelece nosso relacionamento com Deus, podemos viajar por todo o mundo sem dinheiro e sem planejamento. Podemos começar cada novo dia sem nada e em pouco tempo ter todas as nossas necessidades satisfeitas. Nós, humanamente, não estaremos desejando adquirir ou alcançar isso, mas estaremos vivendo este princípio:

Deus é o meu ser individual. Tudo o que o Pai é eu sou; tudo o que o Pai tem está incorporado em minha consciência. Isso não vem para mim; eu sou apenas o instrumento por intermédio do qual deixo fluir, para aqueles que ainda não estão conscientes, esta grande verdade do seu relacionamento com Deus.

Onde quer que haja necessidade, há realização, pois ela existe na consciência como consciência do ser individual que é Deus. A realização envolve uma transição na consciência. Pode levar dias, semanas ou meses de meditação antes de chegarmos à percepção de que Deus é um ser individual e que o lugar em que estamos é solo sagrado. Nunca mais haverá necessidade ou desejo, sem que sejam cumpridos imediatamente, de dentro de nós, como realização da consciência. Deus é a nossa consciência; Deus se realiza, diariamente e a cada hora, em todas as formas necessárias. A base dessa realização é Deus como ser individual. Uma vez que Deus é a consciência individual, podemos, com fidelidade, persistência e perseverança, alcançar o reino de Deus dentro de nós, trazer isso para a nossa experiência, a fim de que assuma toda a nossa vida. Esta consciência de Deus pode realizar-se apenas na medida em que anulamos o sentido pessoal de "eu". Quando vamos a Deus sem um único desejo, eliminamos bastante o "eu", porque desejo ou vontade só podem vir de um "eu" pessoal. Voltamo-nos para Deus para receber uma bênção espiritual, sem sabermos qual será a natureza particular dessa bênção. "Olhos não viram, nem ouvidos ouviram, nem penetraram no coração do homem, o que Deus preparou para os que o amam. Mas Deus revelou-as a nós pelo seu Espírito."

Quando o Dedo de Deus nos toca, somos colocados em uma vida completamente diferente, pois, para cada um de nós, há um destino; nem todos estão destinados a participar do mesmo tipo de atividade:

> Ora, há diversidade de dons, mas o Espírito é o mesmo...
> E há diversidade de ações, mas é o mesmo Deus que faz tudo em todos...
> Pois, pelo Espírito, para um é dada a palavra da sabedoria; e para outro, pelo mesmo Espírito, a palavra do conhecimento;
> E a outro, a operação de milagres; e a outro, a profecia; e a outro, o dom de discernir os espíritos; e

a outro, a variedade de línguas; e a outro, a interpretação das línguas.

Mas um só e o mesmo Espírito opera todas essas coisas, distribuindo particularmente a cada um como quer.

Porque, assim como o corpo é um, e tem muitos membros, e todos os membros, sendo muitos, são um só corpo, assim é Cristo também.

Deus trabalha como construtor de pontes, mineiro, professor, vendedor, advogado, artista, ministro. E é Deus, a inteligência infinita no centro de nosso ser, que determina nossa forma especial de expressão, e, para saber qual ela é, é preciso tocar esse centro dentro de nós por meio da meditação.

O grau de plenitude experimentado é proporcional ao grau de consciência que se desdobra. Onde quer que estejamos, esse momento da vida representa o grau da vida-Deus desdobrada em expressão consciente, que pode ser mudada abrirmos nossa consciência para um fluxo maior. Ao nos abrirmos a Deus por meio da meditação, tornamo-nos um com o Infinito Invisível. Deus usa nossa mente, alma e corpo como instrumentos para a Sua atividade e desdobramento, e Sua graça fluindo através de nós é uma bênção para o mundo:

"Minha graça lhe basta". Tua graça não basta apenas para mim, mas para todos aqueles que vêm ao alcance do meu pensamento. Pai, eu sou um instrumento por intermédio do qual essa bênção invisível pode aparecer

no mundo para aqueles que Te buscam. O reino de Deus — o reino de justiça — está dentro de mim; é o Teu reino, Teu poder e Tua graça. Tua graça é uma bênção para todos que estão no mundo. Alegro-me porque a bênção e a graça de Deus fluirão igualmente aos amigos ou inimigos, próximos ou distantes e aos de qualquer nacionalidade, raça ou fé que elevarem o coração a Deus. É minha alegria que todos aqueles que, honestamente, elevarem seus pensamentos ou vozes a Ele irão descobrir as bênçãos da Tua graça que flui através de mim.

Capítulo V
As dificuldades

Se praticarmos as meditações fielmente, sem dúvida muitas perguntas surgirão sobre determinados procedimentos: O que dizer dos pensamentos estranhos que correm através da mente? Devemos esperar ter visões? Existe um tempo definido para cada meditação? Qual compreensão é necessária? A dieta tem qualquer influência sobre a eficácia da meditação? Existe alguma postura especial necessária ou desejável?

Vamos considerar a questão da postura em primeiro lugar. Meditação é mais fácil de ser praticada quando não estamos conscientes do corpo. Se nos sentarmos em uma cadeira reta, com os pés colocados diretamente no chão, costas retas como normalmente deveria ser, o queixo para dentro e ambas as mãos apoiadas no colo, o corpo, dificilmente, vai intrometer-se em nossos pensamentos. O ideal é manter essa posição normal e natural por cinco, dez ou vinte minutos, sem que o corpo atrapalhe.

Não há nada de misterioso na postura. No Oriente poucas pessoas se sentam em cadeiras; por isso, é natural meditarem sentados no chão com as pernas cruzadas. Nessa posição se sentem confortáveis, mas nós, do Ocidente, descobrimos que tal postura não só é difícil, mas, para a maioria, muito desconfortável.

Se lembrarmos que em meditação nossa atenção total deve ser focada em Deus e nas coisas de Deus, prontamente compreenderemos que é sábio para o corpo ficar numa posição natural e confortável, de modo que a atenção não se volte para ele. A única razão de assumir uma postura em particular é para tornar mais fácil focar a atenção em Deus e tornar-se receptivo ao Seu poder infinito. Na meditação, uma mudança no sistema é perceptível. A coluna vertebral fica ereta, o peito alto, a respiração mais lenta e os pensamentos desaceleram até que, finalmente, cessam.

A meditação é uma experiência consciente. Como sugerido anteriormente, ajuda muito se a começamos com alguma pergunta, pensamento ou ideia concreta sobre a qual desejamos iluminação. Partimos do princípio que desejamos ter uma revelação de Deus. Se percebermos que a meditação é uma atividade consciente de nossa Alma, não haverá perigo de adormecermos ou de ficarmos sonolentos. Dois ou três minutos de meditação devem ser suficientes para afastar o cansaço que, às vezes, se sente ao final de um dia de trabalho extenuante. É impossível adormecer quando a mente está aberta à espera de instruções. Aqueles que adormecem durante a meditação não a tornam uma experiência consciente. Num certo estágio o sono pode vir, mas isso não leva à inconsciência; a atividade da consciência continua. A meditação não é apenas um modo preguiçoso de sentar e dizer: "Muito bem, Deus, vá em frente". É um estado rápido de alerta e ainda é a "paz que excede todo o entendimento".

É preciso ter certeza de que essa paz existe e que não há nenhuma tensão em relação à meditação. Não vamos tomar o reino de Deus pela força, nem pelo poder mental ou físico. Quando a meditação começa a ser um esforço, devemos parar para não nos desviarmos do nosso propósito. Não é necessário meditar por um período de tempo específico; se a meditação durar apenas um minuto, fiquemos satisfeitos, porque, se mantivermos nossa mente firme em Deus por meio minuto que seja, o processo já começou.

A meditação é uma arte muito difícil de dominar. Se não fosse tão difícil, o mundo inteiro há muito a teria dominado. Na minha própria experiência, foram necessários oito meses de cinco a dez meditações dia e noite, antes de ter o primeiro "clique" ou sentir a Presença. Além disso, eu não tinha conhecimento de que fazer contato com Deus fosse possível, ou que iria realizar qualquer coisa, uma vez conseguido o contato.

Houve, no entanto, dentro de mim, uma convicção inabalável de que era possível tocar em algo maior do que eu mesmo, de me fundir com um poder superior. Não conhecia ninguém que tivesse passado por isso; ninguém havia preparado o terreno para mim. Havia apenas a convicção interior de que, se eu pudesse tocar Deus no centro do meu ser, Ele tomaria posse de minha vida, meu trabalho, minha prática e meus pacientes. Após oito meses eu tive um segundo, ou talvez menos, de percepção. Não sei como medir o tempo quando se trata de pouquíssimo tempo, mas certamente, foi menos de um segundo de percepção.

A segunda só aconteceu depois de uma semana, e a terceira, dias depois. Uma semana inteira transcorreu antes do quarto momento de percepção e, depois disso, aconteceu duas vezes num mesmo dia. Finalmente, numa outra vez, pareceu durar uma eternidade e foi, certamente, muito menos do que um minuto. Levei, provavelmente, três anos para aprender que, entre quatro e oito horas da manhã, em algum momento sentiria um clique ou perceberia que Deus estava presente. Às vezes o clique vinha em cinco minutos e em outras levava quatro horas, mas nunca, depois dessa experiência, saía para trabalhar antes que tivesse percebido a Presença.

Não há uma programação fixa: às vezes vou para a cama às oito horas da noite, levanto por volta de dez e meia e medito até as três horas; depois volto para a cama até quatro ou quatro e meia, levanto novamente e permaneço em meditação até de manhã. Além disso, sempre que alguém vem me ver, depois de deixá-lo falar por alguns minutos, nós meditamos. A meditação constante causa um estímulo dentro de nós capaz de manter o impulso interior sempre renovado.

À medida que avançamos neste trabalho podemos vir a perder o caminho, se a pressão dos negócios ou exigências de crescentes responsabilidades nos privarem dos nossos períodos de contemplação. Uma vez que Cristo, nosso centro, é tocado, é possível que atividades externas aumentem a tal ponto que invadam o tempo que deveria ser dedicado à meditação. Se continuarmos a ceder para as coisas deste mundo, podemos distanciar-nos do dom espiritual, que é infinitamente mais valioso do que qualquer coisa material que possamos sacrificar. O Mestre retirou-se das multidões para comungar sozinho no deserto e no topo da montanha. Devemos, também nós, nos afastar de nossas famílias, de nossos amigos, de nossas obrigações humanas a fim de ter esses períodos de comunhão necessários ao nosso desenvolvimento e desdobramento interior. Uma ou duas horas de meditação ou comunhão, sem propósito ou desejo de qualquer espécie, nos traz a experiência de Deus cada vez mais profundamente.

Frequentemente surge a questão da dieta em relação à meditação. Existe alguma dieta especial que, se seguida, irá aumentar a capacidade espiritual? O aspirante ao caminho espiritual deve evitar certos alimentos? Deve se abster de comer carne?

Em cada estágio de nosso desenvolvimento somos tentados a acreditar que algo que fazemos ou pensamos no reino humano irá nos ajudar no desenvolvimento de nossa consciência espiritual. Essa é uma suposição falsa. Pelo contrário, é o desenvolvimento da nossa consciência espiritual que muda nossos hábitos e modo de vida cotidiano. Conforme o aspirante progride ao longo do caminho espiritual, passa a comer carne cada vez menos e, em última instância, chega ao ponto de parar de comê-la definitivamente. Não vamos, no entanto, acreditar que há virtude em algum ato de omissão, e que alguma forma de sacrifício material vai aumentar nossa espiritualidade; ela é desenvolvida através da leitura de literatura espiritual, da escuta da sabedoria espiritual, da associação àqueles no caminho espiritual e da prática da meditação. O reino de Deus é encontrado pela percepção interior. A transformação exterior dos hábitos alimentares é um resultado direto de uma graça espiritual interior; é o resultado do processo de espiritualização ocorrendo na consciência. Abster-se de comer carne não é um meio de desenvolver a graça espiritual interna, mas o desenvolvimento da graça leva à renúncia de tais coisas no plano externo.

Outra questão que surge é em relação a visões psíquicas. Tais manifestações são desejáveis ou necessárias às experiências de meditação? As visões psíquicas, tais como ver cores ou se confrontar com a aparição de personagens sobrenaturais podem ter alguma relevância para a nossa experiência humana, mas, lembre-se: ocorrem inteiramente no nível psíquico ou no reino mental da consciência. Na literatura espiritual essas visões não são referidas ou consideradas como experiências espirituais. Experiências psíquicas não têm nada a ver com o mundo do Espírito. O mundo psíquico de visões, cores ou qualquer coisa dessa natureza é deixado para trás na percepção de que, aqui e agora, somos seres espirituais, a manifestação de tudo que Deus é. Por essa razão, não vamos permanecer na esfera psíquica, mas superá-la e atingir a atmosfera pura do Espírito.

Muitas vezes, em meditação, atingimos uma sensação de paz ou harmonia, isto é, a percepção da presença de Cristo. São experiências inspiradoras, mas devemos estar dispostos a desistir até mesmo dessa paz profunda e alcançar o próximo nível mais elevado de consciência, no qual a obtenção dessa paz não tenha significado ou importância alguma. Tendo percebido a presença permanente do Cristo, será que é necessário ter qualquer tipo de reação emocional? Se nos sentimos emocionalmente satisfeitos, qualquer reação não fará diferença, já que percebemos que a atividade do Espírito é uma coisa eterna, sempre conosco.

Um dos maiores obstáculos para a meditação é o medo de não termos compreensão suficiente para começar tal prática. O Salmista abandonou o medo e a dúvida quando, no Salmo 147, seu coração e lábios cantaram louvores para Deus: "Grande é o nosso Senhor e de grande poder: seu entendimento é infinito". É a *Sua* compreensão, não a nossa, que é importante. Vamos desistir de toda essa bobagem de não ter conhecimento suficiente ou ter grande entendimento. É preciso lembrar que o entendimento é *Dele*. No silêncio e na confiança, portanto, voltemo-nos para dentro de nós e deixemos a verdade se revelar. Não há limite para a compreensão se nossa dependência está na compreensão de Deus e não na nossa. Quem quer que leia este livro tem conhecimento suficiente para iniciar a prática da meditação e, assim, entrar no reino de Deus. Pela graça, mesmo o ladrão na cruz pode entrar no paraíso "hoje" e nós, também, pela graça, podemos adentrar as portas do céu neste exato momento.

É claro que a maior dificuldade na meditação é a incapacidade de manter o pensamento em uma única direção. Isso não é sua culpa, nem minha, mas é, parcialmente, o resultado do ritmo acelerado da vida moderna. Por exemplo, a criança recebe um brinquedo e assim que cresce ganha imediatamente outro. Toda sua atenção, desde a infância, adolescência e até a idade adulta é centrada nas pessoas e coisas, de tal maneira que, quando se vê sozinha, é dominada pelo medo. A maioria das pessoas nunca aprendeu a sentar e se aquietar; muitos nunca aprenderam a ficar quietos tempo suficiente nem mesmo para ler um livro. Nossa cultura focou a atenção nas coisas do mundo de tal forma que perdemos a capacidade de nos sentar calmamente e refletir sobre uma ideia.

Quando fechamos os olhos tentando meditar ficamos surpreendidos ao descobrir uma fábrica em ebulição dentro de nós. Todos os tipos de pensamentos lampejam através de nossas mentes — coisas simples — tais como: Será que desliguei o ferro elétrico? Será que liguei a geladeira? Será que coloquei o gato fora? Outros pensamentos não tão simples ou sem importância vêm em forma de medo ou dúvida. Não há o que temer, pois são pensamentos do mundo. Somos como antenas captando todas as transmissões do mundo. Se ignorarmos esses pensamentos, em poucos dias ou semanas irão desaparecer, pois apenas quando os aceitamos como nossos pensamentos é que são alimentados.

Embora nosso objetivo seja atingir tranquilidade e receptividade, nunca devemos tentar acalmar a mente, parar de pensar ou apagar nossos pensamentos. Isso não pode ser feito. Quando começamos a meditar e os pensamentos rebeldes vêm, devemos lembrar que são pensamentos do mundo, não nossos. Vamos relaxar, assisti-los, vê-los de forma impessoal. Finalmente irão parar e nos deixarão em paz. Todas as vezes que nosso pensamento divaga, pacientemente o trazemos de volta ao tema da meditação. Chegará o momento, à medida que continuarmos nessa prática, no qual esses pensamentos não mais invadirão nossa consciência. Perderão a força por falta de atenção. Se pararmos de lutar contra eles, ficaremos tão pouco receptivos que não voltarão para nos atormentar. Mas, se os combatermos, permanecerão conosco para sempre.

Na meditação devemos ser muito pacientes em nossos esforços para apaziguar qualquer sensação de inquietude. Nenhuma verdade desconhecida nos será dada de fora, mas a luz direcionada a essa verdade vinda da nossa própria Alma a tornará aplicável em nossa experiência. A verdade que vem de fora é uma mera aparência de verdade. Porém a verdade revelada dentro de nossa própria consciência torna-se a "luz do mundo" para todos os que se acercarem dela. "Eu, quando for elevado da terra, atrairei todos os homens a Mim." A Meditação irá elevar-nos até o ponto onde captaremos a letra da verdade em seu significado mais íntimo. O ritmo do universo toma posse de nós: não nos movemos, não pensamos, mas sentimos que há sintonia, um ritmo de vida, uma harmonia do ser. Isso é mais do que paz de espírito; isso é a paz espiritual que excede todo o entendimento.

A fim de entrar na vida mística, devemos dominar a capacidade de permanecer em silêncio, sem pensar. Esta é a parte mais difícil de toda a prática espiritual. Não significa, de maneira alguma, parar ou reprimir o pensamento ou um esforço para tal. Em vez disso, é uma comunhão tão profunda com Deus que os pensamentos param por sua própria vontade. Nesse momento de silêncio, começamos a entender que a mente divina ou consciência cósmica é uma inteligência infinita imbuída de amor agindo como o nosso ser, quando o pensamento consciente é silenciado.

Em nossa vida diária podemos ter um plano em mente e a mente cósmica ter outro, mas nunca conheceremos seu plano se estivermos muito ocupados pensando, planejando e reagindo às atividades e distrações do mundo. Para receber a graça divina da mente cósmica, é preciso que haja períodos em que a mente humana esteja em estado de quietude. O indivíduo que é mestre de seu destino atinge um estado de consciência no qual nada neste mundo tem importância para ele. Só tem significado aquilo que ocorre quando nos colocamos acima dos inúmeros pensamentos. Nesse plano elevado o pensamento divino, a atividade divina da consciência, se revela. Isso não quer dizer que nossa mente deva se tornar um vazio total, mas significa que durante todo o dia e toda a noite devemos ter vários momentos nos quais nosso único desejo será a alegria da comunhão com Deus. É nesse silêncio completo e no descanso dos pensamentos que o Pai assume nossa experiência.

Antes que possamos entrar na vida mística, o hábito de pensar e falar constantemente deve ser transformado em hábito de ouvir continuamente. Nosso Mestre passou a maior parte de Seu tempo em meditação e em comunhão silenciosa, e podemos ter certeza de que Ele não pedia a Deus qualquer coisa de natureza material. Ele não falava; Ele ouvia; Ele buscava a direção, instrução, orientação e o apoio de Deus.

É no desenvolvimento da capacidade de escuta e receptividade que a mente se aquieta e silencia a tal ponto que se transforma num caminho ou num instrumento através do qual Deus Se manifesta e Se expressa. Essa mente humana, esse raciocínio, essa mente pensante não é para ser aniquilada. Ela tem seu lugar. Não é a consciência, mas é uma faceta dela, um caminho através do qual recebemos o conhecimento e a sabedoria.

O pensar é um passo inicial que conduz à meditação. Suponhamos que ainda não avançamos o suficiente para viver num constante estado de receptividade. Realmente, Deus está sempre emitindo Sua voz, mas nem sempre a ouvimos. O pensamento pode nos ajudar a atingir esse estado de consciência alerta, mas em meditação não usamos nenhum pensamento, seja de afirmação ou de negação.

Vamos supor que desejamos meditar, mas a mente está tão tumultuada que não conseguimos, rapidamente, um estado de calma e paz. Em vez de tentar esvaziar a mente e apagar esses pensamentos perturbadores, usamos a mente e recorremos às escrituras ou a algum outro livro de inspiração. Agora vamos ver como isso funciona usando a declaração: "Aquietai-vos e sabei que eu sou Deus". Se aprendermos a confiar em citações, repetiremos incessantemente: "Aquietai-vos e sabei que eu sou Deus". "Aquietai-vos e sabei que eu sou Deus", até que cheguemos a um ponto de auto-hipnose e, nesse estado, permaneçamos temporariamente silenciosos. Repetir "Aquietai-vos e sabei que eu sou Deus", nada mais é que uma terapia sugestiva, uma afirmação e negação usadas para hipnotizar-se. Isso não é prática espiritual; não é o poder espiritual. Algumas pessoas ficam tão hipnotizadas com o uso de tal afirmação, que realmente acreditam que, ainda sendo seres humanos, são Deus.

Agora, tomemos a mesma declaração, mas, em vez de usá-la como afirmação, vamos descobrir o seu real significado por meio da meditação:

"Aquietai-vos e sabei que Eu sou Deus". O que significa isso? Certamente, você sabe (diga seu nome) *que você não é Deus. Então o que isso significa? Ele diz: "Eu sou Deus", não que você é Deus. Isto é completamente diferente. Eu, sim, "Eu e o Pai somos um... Deus, que está dentro de mim, é poderoso... Eu e o Pai somos um". Sim, você e Eu, o Pai, somos um só. O Pai e você são um; justamente onde Eu estou, Deus está — mais perto do que a respiração, mais próximo do que mãos*

ou pés. Aquietai-vos, (seu nome), *porque o* Eu *em você é Deus. Você não precisa buscar proteção, ajuda ou cura em qualquer lugar.* Eu *estou com você. Aquietai-vos e sabei que esse Eu é sua proteção, sua salvação, sua segurança.**

Na contemplação dessa passagem bíblica, a paz nos envolve e ficamos em repouso numa quietude divina. Algumas pessoas no caminho espiritual alcançam esse silêncio de forma rápida e fácil, mas para a maioria o Caminho é longo e difícil. Não devemos nos vangloriar pela rapidez do nosso progresso, nem condenar sua lentidão, mas prosseguir no caminho com constância e propósito inabalável. A maioria tem períodos de progressão gradual, pontuados por interlúdios de desolação, quando sente que perde o caminho e divaga num labirinto de conflito e contradição. Muitas vezes descobre que, após essas experiências de altos e baixos, atingimos novas alturas, onde possibilidades inesperadas se apresentam.

Alguns indivíduos privilegiados, devido a experiências anteriores, são tão bem preparados, que seu caminho parece ser muito mais fácil que o de outros. A pureza de consciência que desenvolveram faz que a entrada na consciência espiritual seja uma bela, gradual e harmoniosa jornada pontuada por pouquíssimos problemas.

---

* O leitor pode inserir seu próprio nome ao fazer essa meditação.

Para a maioria de nós, o caminho sobe e desce, mas no final de um ano ou dois, geralmente, há um sentimento de estarmos um passo à frente de onde estávamos no ano anterior. O pré-requisito para ouvir a voz mansa e delicada, a experiência real do Cristo, é nos prepararmos com estudo, meditação e nos juntarmos a outras pessoas no caminho espiritual. Quando ouvimos a voz mansa e delicada dentro de nós, recebemos a graça de Deus e o propósito da meditação alcançado.

Não se satisfaça com nada menos do que a experiência do próprio Deus. É uma pérola de grande valor. Cabe a cada um de nós decidir quanto tempo e esforço será dado à meditação: determinar se vamos reservar alguns minutos de vez em quando ou organizar nossa vida de forma a permitir períodos prolongados de silêncio ininterrupto para entrar em contato com a Presença e Poder interior. Os anos necessários ao estudo e prática da meditação não são tempos de sacrifício para o aspirante, mas, sim, de dedicação àquilo que é seu objetivo na vida. Requer paciência, perseverança e determinação, mas, se a percepção de Deus é a força motivadora em nossa vida, aquilo que o mundo chama de sacrifício de tempo ou esforço não é um sacrifício, mas a mais intensa alegria.

Parte dois

Meditação: A experiência

Prefácio
A meditação do meu coração

"Que as palavras da minha boca e a meditação do meu coração sejam agradáveis a Ti, Senhor, minha rocha e meu redentor."

Salmos 19:14

Meditação é uma experiência e, por ser individual, nunca pode ser confinada dentro dos limites de qualquer padrão determinado. Medite, ore, habite no secreto lugar do Altíssimo em quietude e em paz, e irá descobrir que a verdade que você está buscando já habita dentro de você.

Cristo, a grande Luz, está dentro de você. Cristo é o curador, Cristo é o multiplicador de pães e peixes. Cristo é o que apoia, mantém e sustenta, mas Ele já está dentro de você. Você nunca encontrará saúde, suprimento ou relacionamentos buscando por eles. Estão incorporados no seu interior e a partir daí desdobram-se à medida que você aprende a comungar com o Pai. Você pode recorrer de sua Cristicidade por qualquer coisa e isso irá fluir de você na mesma proporção da sua percepção desta verdade. Você é autocompleto em Deus. Cristo é sua verdadeira identidade e, em Cristo, você está pleno. E nessa autocompletude em Deus há apenas uma coisa pela qual orar; há apenas uma única coisa necessária —

iluminação *espiritual. Bata e a porta abrir-se-á para você. Peça por iluminação espiritual, pelo dom do Espírito e Deus irá revelar-Se como plenitude.*

Em momentos de consciência elevada, as meditações desdobradas do interior revelam os dons do Espírito. Essas *meditações não seguem padrões estabelecidos ou prescritos, mas cada uma é uma expressão do impulso espiritual tomando forma. Elas não devem ser seguidas rigorosamente nem usadas como uma fórmula. Seu único propósito é servir como inspiração, a fim de que possamos vislumbrar a beleza e a alegria dessa experiência e sermos estimulados a nos submeter à disciplina requerida para descobrir as profundezas de nosso próprio interior e, ao fazermos isso, mergulhar em experiências de consciência cada vez mais profundas.*

A meditação é uma canção de gratidão contínua de que Deus é amor, de que Deus está aqui e de que Deus está agora. A meditação repousa no coração de Deus, segura na mão de Deus e sente a Presença Divina, repouse na contemplação do amor e da presença do Pai. Assim você poderá dizer: "Meditar Nele será doce: alegrar-me-ei no Senhor".

Capítulo VI
A terra é do Senhor

Do Senhor é a terra e tudo o que nela existe, o mundo e os que nele vivem.

Salmos 24:1

Quando contemplo os teus céus, obra dos teus dedos, a Lua e as estrelas que ali firmaste, eu pergunto: Que é o homem, para que com ele te importes? E o filho do homem, para que com ele te preocupes?

Tu o fizeste um pouco menor do que os anjos e o coroaste de glória e de honra.

Tu o fizeste dominar sobre as obras das tuas mãos e puseste todas as coisas sob os seus pés.

Salmos 8:3-6

Na contemplação do universo de Deus, a mente está centrada Nele. Quando silenciosamente observamos Deus em ação, tanto na terra quanto no céu, estamos testemunhando Sua glória. Praticar essa forma de meditação ou contemplação, dia após dia, nos levará a um estado de consciência em que o pensamento falante desacelera e, finalmente, para. Um certo dia, ao nos envolvermos nessa atividade espiritual de observar Deus em ação, ocorrerá um segundo de silêncio no qual não haverá pensamento de qualquer espécie. Nesse segundo, a atividade ou a presença de Deus se revelará a nós. A partir desse momento, reconhecemos que Deus está mais perto do que a respiração, mais próximo do que mãos e pés e que o Seu reino está dentro de nós. Do vazio e da escuridão, do silêncio da nossa consciência, o Espírito de Deus se move para criar nosso mundo da forma:

Eu vim nesta hora tranquila para contemplar Deus e as coisas de Deus. Toda bênção sobre esta terra é uma emanação ou expressão de Deus e Suas leis: o Sol que nos aquece e a chuva que alimenta nossas plantas e árvores, as estrelas, as marés e a Lua, tudo cumprindo as funções de Deus, porém aparecendo como bênçãos ao homem. Não foi por acaso que Deus colocou o Sol no céu, a milhões de quilômetros de distância da Terra, longe o suficiente para nos dar a quantidade adequada de calor e de frescor. Deus, realmente, é a inteligência deste universo, uma inteligência cheia de amor e sabedoria. O Sol, a Lua e as estrelas movem-se em suas respectivas órbitas, de acordo com o plano divino, que faz com que a Lua e as estrelas sejam visíveis à noite e o Sol de dia.

Deus é a fonte de tudo que é. O amor de Deus se torna evidente no fato de que, antes que o homem aparecesse na terra, já havia aqui todo o necessário para seu desenvolvimento, crescimento e bem-estar. Até os minerais na terra foram dados para seu uso. Todos os processos da natureza que formaram o ferro, o petróleo, o ouro, o urânio são de Deus. Ele sabia, desde toda eternidade, que haveria necessidade desses minerais na era presente da industrialização e automação, pois há muito tempo vêm se formando no solo. Deus deve ter previsto os bilhões de pessoas que habitariam a terra porque criou um solo fértil, onde cresceriam árvores, arbustos, flores, frutos e legumes.

E Deus disse: que a terra produza relva, ervas, dê sementes e árvores frutíferas, frutos segundo a sua espécie, a partir da própria semente.

Deus preencheu os oceanos com peixes e com elementos ainda não extraídos do mar que poderão algum dia dar suporte a nações inteiras:

Que as águas produzam vida em abundância.
E Deus as abençoou dizendo: Frutificai e multiplicai-vos e enchei as águas dos mares...

Tudo isso é um presente de Deus ao homem.
Esse presente é a graça — Deus Se doando a mim é o que me basta em todas as coisas: a graça que criou as galáxias de estrelas, o sistema solar, a Lua e os planetas; cobriu as montanhas com árvores, encheu os vales com colheitas, as águas com peixes, o ar com aves. Todo esse bem, derramado na terra antes mesmo de a necessidade aparecer, é a evidência da graça de Deus. O Amor e a Sabedoria divina são minha suficiência, pois proporcionaram tudo que a terra necessita. Que mais posso pedir além de saber que a Inteligência que governa este universo está governando meus assuntos individuais?

Devo pedir algo mais, além de perceber que o amor que se manifesta na criação e manutenção deste universo também governa minha vida, meu mundo, meus negócios e minha casa? Tua graça é suficiente para preencher a terra e todas as minhas necessidades.

Contemplo Deus em todas as coisas, principalmente em Sua lei e em Seu amor. Deus ama os peixes, proporcionando toda sua alimentação e multiplicação. Deus ama e cuida dos pássaros, nos dá a brisa suave e as águas refrescantes. Deus me ama, e tornou evidente esse amor encarnando Seu próprio ser, Sua própria vida, Sua própria sabedoria e Seu próprio amor em mim. Basta obedecer à lei do único poder e à lei do amor e assim me serão dadas todas essas coisas. São presentes de Deus *que não têm preço. As coisas de Deus me são dadas livremente na medida do meu reconhecimento de Deus como sua fonte. Ele é o grande doador do universo, o grande doador de Si mesmo, dando Seu amor, inteligência, sabedoria, direção e força para todos.*

Ao contemplarmos as glórias de Deus já existentes, nós O reconhecemos e damos testemunho de Sua graça, que providenciou todo esse bem sem termos pedido, suplicado ou implorado. Tornamo-nos testemunhas da atividade de Deus na terra.

À noite, olhando para o céu estrelado, ninguém está preocupado com o Sol do dia seguinte. Ninguém pedirá hoje à noite para que o Sol nasça amanhã. Deus não necessita de nossas súplicas, informações ou conselhos a respeito do governo de Seu universo, e mesmo que orássemos toda a noite numa tentativa de mudar a hora do nascer do Sol, não há dúvida de que o Sol nasceria amanhã, no seu devido tempo. Amanhã à noite a Lua e as estrelas continuarão a se mover em suas órbitas, assim como as marés irão subir e vazar duas vezes a cada vinte e quatro horas. Orar, pedir ou suplicar a Deus não irá mudar Sua lei. Sua obra está feita; Sua lei está atuando.

Na contemplação das maravilhas do universo de Deus transcendemos o desejo de informar ou pedir alguma coisa. Tal contemplação nos eleva às alturas da visão do Salmista de que a terra e toda sua plenitude são do Senhor. Numa calma e silenciosa caminhada no parque, junto ao mar, lago ou rio, em nossa solitude, iremos captar essa visão. Olhando as colinas, as montanhas, a partir de uma consciência elevada, contemplamos e conhecemos apenas aquilo que Deus contempla e conhece. Qualquer coisa que eleve nossa consciência acima do clamor dos sentidos e dos ruídos deste mundo serve para nos trazer à presença de Deus. Quando alcançamos as alturas divinas da inspiração, encontramos Deus. Ele é o silêncio profundo; Deus é a quietude — a quietude de tudo que é humano.

A solitude foi-me concedida.
Seja em Bishop Street ao meio-dia,
Ou Kalakaua;
Em Waikiki ao pôr do Sol,
Nas areias de Kailua
Antes do amanhecer,
Estou sozinho.

Ando sozinho na multidão
E sinto o Ser solitário ao luar na praia.

A solitude foi-me concedida.
Para caminhar com os homens,
Voar pelos céus,
E navegar pelos mares,
Onde quer que o coração eleve-se a Ele —
Eu ando sozinho.
No calor do dia,
Ou no frescor da tarde,
Na praia ou na rua da cidade,
A Alma ansiosa recebe minha Solitude.

Os enfermos são curados;
Os inquietos, perdoados.
Sozinho, mas nos corações
Daqueles que anseiam pela paz,
O inquieto sente minha Solitude;
O faminto dela se alimenta;
O sedento dela bebe;
Lava as mentes impuras
Daqueles que não sabem,
Tocando a mente com Luz.

A solitude foi-me concedida,
Sozinho me sento atrás das paredes da prisão;
Sozinho caminho pela enfermaria;
Seja qual for o perigo que ameaça,
Minha solitude quebra o feitiço,

Onde a miséria anseia companhia,
Compartilho minha solitude.

Sozinho, eu acordo, ando e durmo.
Sozinho, eu me sento ou levanto.
Sozinho, viajo no mar e no céu.
Sozinho, eu ando e falo com os homens,
Ou passeio por alamedas sombreadas.
A solitude foi-me concedida
Onde quer que eu esteja.

Quando contemplamos — através de inspiração espiritual — a aparência, tudo neste mundo mostra a glória de Deus, Sua obra, Sua lei e Seu amor para Seus filhos. Os céus e a terra foram feitos para nós e nos foi dado o domínio sobre eles: "Tu fizeste com que ele tenha domínio sobre as obras das Tuas mãos; Tu depositaste todas as coisas debaixo dos pés dos homens". Somos a maior criação de Deus: Deus, a Alma deste universo, está Se manifestando, Se doando, Se expressando individualmente como você e como eu.

Capítulo VII
E Deus amou tanto o mundo

Porque Deus amou o mundo de tal maneira que deu o Seu Filho unigênito para que todo aquele que Nele crê não pereça, mas tenha a vida eterna.

João 3:16

Vede quão grande amor nos tem concedido o Pai, que fôssemos chamados filhos de Deus...

1 João 3:1

O segredo da beleza e glória da santidade é Deus Se manifestar como Ele mesmo encarnado. Ele amou tanto o mundo que Se doou, aparecendo visivelmente como o Filho de Deus, conforme Sua promessa: o que eu sou e você é. Deus é o meu ser e Ele é o teu ser: Deus é a nossa verdadeira identidade.

Pela compreensão espiritual esta terra é o céu. O céu e a terra são um, porque Deus Se manifestou sobre a terra e deu a Si mesmo neste universo de estrelas, Sol, Lua e planetas. Deus criou para a Sua glória este palco que chamamos de Terra. Ele criou tudo isso de dentro de Si mesmo e para Sua glória. E nessa glória Ele se manifesta como ser individual. Não estamos separados e apartados Dele, mas somos Sua própria essência, Sua própria individualidade desdobrada, revelada e ativa como ser individual.

Todas as coisas no céu e na terra nos foram dadas por essa relação de filiação divina e todas elas existem por nossa causa. Como coerdeiros com Cristo em Deus, esta terra é nossa. Somos supridos do começo ao fim. Deus ordenou a lei que rege a união de Si mesmo com Seu amado Filho, fornecendo-Lhe tudo o que pertence ao Pai, e dando ao Filho tudo aquilo que o Pai estabeleceu para Ele, desde antes da criação do mundo:

"Eu *vim para que tenham vida e a tenham em abundância*". Eu *vim para que tenham vida* — Minha *Vida, tua vida individual.* Minha *vida é a vida do Ser individual, que desconhece idade, mudança ou deterioração de Seu estado divino. Mas é preciso viver, mover-se e manter teu ser na consciência da nossa unidade.* Eu *nunca te deixarei,* Eu *nunca te desampararei, mas tu deves permanecer em* Minha *Palavra e deves deixar que a* Minha *Palavra permaneça em ti. Quando procurares por* Mim, *serás salvo.*

O Pai preparou a glória para o Filho dando-lhe a paz — *Minha* paz — a paz que excede todo entendimento. Esta paz é incorporada na Alma do homem, jamais dependendo de qualquer condição externa, mas, sim, existindo como um dom do nosso Deus interior. Nosso erro tem sido buscar a paz entre os homens acreditando que são eles que têm o poder de dá-la ou negá-la. Nessa dependência de pessoas e circunstâncias externas estão o nosso fracasso e o fracasso do mundo. A paz só pode ser encontrada em Deus, a fonte de todo amor.

Deus não nos deu o espírito de temor, mas, sim, de poder, de amor e de uma mente sã, pois Ele é a própria mente de nosso ser. Não existe mente separada de Deus. Nossa ignorância, nosso medo e nossa insanidade são frutos da crença numa mente e alma separadas Dele. O Ser de Deus é o ser individual e, quando visto através da visão espiritual, somente as características e a natureza de Deus formam esse Ser. "Eu e o Pai somos um... quem me vê, vê Aquele que me enviou... eu estou no Pai e o Pai está em mim." O discernimento espiritual revela Deus, como o Pai, e Deus, como o Filho. Nossa integridade e perfeição estão na percepção dessa unidade. Não pode haver paz, segurança ou alegria separadas e à parte de Deus, pois tudo é inerente a Ele; portanto, devem desabrochar em nós a partir da percepção de Deus como nosso próprio ser.

O grande segredo da Escritura é: no princípio era Deus. No início tudo era Deus: agora e para sempre tudo o que existe é Deus, aparecendo como o infinito, luz e força de seu próprio Ser. Não é o teu ser ou o meu ser, mas o Ser infinito que aparece exteriormente na forma do teu ser e do meu — eu *Nele* e *Ele* em mim — esse único Ser espiritual, infinito, perfeito, harmonioso, inteiro e completo. Seu Ser é perfeito; Sua compreensão é infinita; Sua força nos permite alçar voo como a águia. Sua alegria transborda nossa taça. Reconheçamos Sua alegria, Sua saúde, Sua compreensão, Sua paz, Sua harmonia, Sua pureza e integridade. Deixemos de lado o "meu" isso ou o "meu" aquilo e o "teu" isso e o "teu" aquilo. O Ser de Deus, expressado como graça, é nossa suficiência em todas as coisas. Sua graça, Sua presença, Sua alegria, Seu amor, Sua totalidade nos bastam.

Seu amor flui na forma do nosso amor, mas não vamos reivindicá-lo como teu amor ou meu. Esse amor flui da mesma forma como o Sol brilha livremente sobre todos: brilha sem favoritismo, nunca questiona os méritos ou o valor dos destinatários de seu calor e luz. O Sol brilha; Deus ama. O amor de Deus flui livremente ao justo e ao injusto, aos dignos e indignos, ao santo e ao pecador igualmente. Seu amor flui neste universo, dando vida à semente, força ao crescimento das plantas, proteção à vida animal, vegetal e mineral. O amor de Deus é a influência que apoia e anima toda criação, porque toda a criação é Amor, é Ele mesmo fluindo livremente.

Tudo que existe está em Deus e pertence a Deus, sem exceção. Não deve haver rótulos de crítica, julgamento ou condenação. Acima de tudo, não devemos julgar a partir do que vemos ou ouvimos. Deus é puro demais para ver a iniquidade, e quando reconhecemos nossa verdadeira identidade como Deus Se expressando, enxergamos como Deus enxerga. Quando nos contemplamos dotados espiritualmente, nos tornamos espectadores de Deus aparecendo em tudo e através de tudo. Mas somente conseguimos fazer isso ao abandonarmos todo e qualquer julgamento.

Seu entendimento e amor infinitos tornam-se os nossos. Suas Bênçãos são nossas, não porque você é você ou eu sou eu; são bênçãos de Deus para Deus — Suas bênçãos fluindo para Seu próprio Ser como o Filho, o Pai concedendo Sua totalidade por intermédio do Filho. É o Pai dando, o Filho recebendo, ambos sendo um, apenas um — Pai e Filho. Na unidade, na união consciente com Deus estão a nossa força, nosso suprimento, nossa paz, alegria, poder, domínio e todas as nossas bênçãos.

Se Deus é a natureza infinita do nosso ser, que necessidade há de sermos invejosos, ciumentos, termos ódio ou ambição? Quando temos consciência de que Deus é a fonte de nossa satisfação interior, como podemos desejar qualquer coisa externa ao nosso próprio ser? Nesse relacionamento, as bênçãos de Deus se revelam como sendo nossa experiência.

Nosso Pai revelou a Si próprio a nós. Na percepção de nossa verdadeira identidade compartilhamos o próprio Corpo de Deus, isto é, nos alimentamos do Corpo e bebemos do Sangue. "Um alimento tenho para comer que vós não conheceis." "*Eu* posso dar-lhe vida — águas que brotam para a vida eterna — águas invisíveis, vinho invisível, carne invisível." Isso é compartilhar do Deus vivo ou do Verbo vivo e testemunhar o Verbo se fazer carne e habitar entre nós — o Deus encarnado.

Capítulo VIII
Vós sois o templo

"Não sabeis vós que sois o templo de Deus... que o vosso corpo é o templo do Deus vivo?"
I Coríntios 6:19

O corpo é o templo do Deus vivo, um templo não feito por mãos, não concebido para a morte, mas eterno nos céus, isto é, eterno no tempo e no espaço, eterno na vida, eterno no espírito, na alma e em substância. Deus fez tudo o que foi feito e tudo o que Ele fez foi feito a partir *de Si*, da Sua própria natureza que é a eternidade, imortalidade e perfeição. Deus fez o corpo à Sua própria imagem e semelhança.

Deus é vida. A atividade de Deus atuando em uma semente traz à vida uma criança com todas as potencialidades da vida adulta incorporadas numa pequena forma — não apenas um pedaço de matéria, mas uma inteligência e uma alma acompanhando o corpo. O Espírito de Deus faz isso, mas, em sua vaidade, o homem se outorgou o papel de criador. Homens e mulheres deduziram que, pelo fato de terem gerado seus filhos, são seus criadores, em vez de simples instrumentos por intermédio dos quais Deus atua para Se expressar — não para perpetuar a você ou a mim, os meus ou os seus filhos. Deus atua como amor em nossa consciência para produzir Sua própria imagem e semelhança. Esquecemos que essa expressão de Deus, à qual chamamos de nosso filho, é um filho *de Deus*, não um ser que nós criamos ou possuímos. Mesmo orando a Deus para que os mantenha e sustente, eles não são *nossos* filhos: são filhos *de Deus*. Não é necessário orar para que Deus mantenha e sustente Seus próprios filhos, pois é prerrogativa Dele criar, manter e sustentar Sua própria imagem e semelhança. Deus é o criador de tudo que existe; portanto, é o criador do corpo do homem. "Ou não sabeis que o vosso corpo é o templo do Deus vivo?" Chamamos esse corpo de seu corpo e meu corpo, mas não é nosso. É o corpo de Deus, formado por Ele para Seu prazer, feito à Sua imagem e semelhança, governado por Sua lei e criado para manifestar Sua glória.

Nas árvores de Natal há luzes de todas as cores — vermelha, azul, roxa. A eletricidade transmite sua luz através dessas lâmpadas multicoloridas de todas as formas e tamanhos. As lâmpadas, por si sós, não são fonte de luz; são apenas os instrumentos através dos quais a luz brilha. Da mesma forma, quando vemos uma vida humana, animal ou vegetal, confundimos sua forma visível com a vida que a anima e que é sua substância. Deus é a vida e a substância de toda forma, o princípio criador de tudo que existe, a atividade que rege as funções e os órgãos do corpo, Aquele que dá vida a todos os homens e mulheres. Deus é a sabedoria, integridade e pureza da Alma do homem, bem como a sua força.

Não nos deixemos enganar pelas aparências, nem mesmo pelas boas, chamando uma pessoa de forte e outra de bonita. Devemos olhar por trás da aparência em busca da Vida invisível, que torna toda essa beleza possível. Então, podemos desfrutar todos os aspectos da criação, toda aparência, seja o corpo humano, uma espécie animal ou uma planta. Essas são formas de vida, mas, se não entendermos a Vida que as vitaliza, podem aparecer como boas ou más, jovens ou velhas, doentes ou saudáveis, ricas ou pobres.

Um sentimento humano limitado de vida baseia-se em valores inconstantes e investe nas formas que a vida assume com poder para o bem ou para o mal; contudo, um sentido espiritual de vida desfruta a forma, embora reconheça o Infinito Invisível como a essência dessa forma. Se olharmos além dela o bastante para ver Deus como princípio de toda vida, entenderemos a diferença entre vida material e vida espiritual. A verdade acalentada em nossa consciência é a lei da vida, da harmonia e da ressurreição do nosso corpo.

Deus me deu esta forma, minha infinita forma divina, para manifestar minha verdadeira identidade. Meu corpo é uma manifestação, a imagem do eu que sou. Meu corpo é uma expressão da vida manifestando tudo isso porque ele é o eu do qual sou formado de modo espiritual, eterno e imortal. Eu sou a verdadeira e eterna identidade, enquanto meu corpo é o templo, o instrumento de minha atividade e de minha vida.

Em contraste com essa verdade espiritual, existe a forma que vejo no espelho, além das expressões da natureza — árvores, flores, legumes e frutos — que não são o ser ou corpo espiritual: são conceitos que, humanamente, tenho de ser e de corpo.

Ao me olhar no espelho, às vezes pareço jovem ou velho, doente ou saudável, robusto ou magro, mas, na realidade, não estou vendo a mim: estou vendo meu corpo. Esse é o meu corpo, mas eu sou invisível. Esse corpo que meus olhos veem é apenas o seu conceito limitado e finito. Essa é a razão pela qual ele parece mudar constantemente. Na realidade, ele nunca muda; o que muda é o meu conceito sobre essas mudanças.

Quem sou eu? O que sou? Onde estou? Olhemos para os pés e nos perguntemos: Eu sou isso? Eu sou estes pés ou eles são meus? Eu estou nos pés ou possuo estes pés? Estou nas pernas ou essas pernas são minhas? Se elas estão machucadas, sou eu que estou ferido ou são as minhas pernas que estão feridas? Não existe um eu, uma identidade que não é as pernas? E a cintura, o peito, o pescoço, a cabeça? Estou em alguma dessas partes ou elas são partes do meu corpo? Não existe um eu separado e à parte do corpo, um eu que possui o corpo? O corpo é um instrumento para a minha atividade, meu movimento, tanto quanto é meu automóvel. Estou nos ouvidos, nos olhos, na boca, na língua, na garganta ou elas são minhas? Estou neste corpo, sou este corpo ou este corpo é meu? Não é ele um templo, um instrumento que me foi dado para meu uso?

Olhe para as minhas mãos. Podem elas por si mesmas dar ou reter, ou devo usá-las como mero instrumento em ambos os casos? Podem ser generosas ou mesquinhas? Tenho o poder de dar ou reter, ou será que todo esse poder reside em mim? Será que não existe algo chamado "eu" que dá, através dessas mãos, ou que pode, por vezes, reter por meio delas? Podem as mãos se mover para cima e para baixo, à esquerda ou à direita? Será que o coração é que me permite viver ou é a vida que anima o coração? Se minhas mãos não podem dar nem reter, então como pode meu coração dar vida ou reter vida? Se minhas mãos não atuam por si próprias, como pode meu coração, fígado, pulmões ou rins agirem por si mesmos? Como órgãos materiais, podem meus olhos ver ou os ouvidos ouvir? Podem os órgãos deste corpo se mover por conta própria? Será que não existe algo chamado "eu" que age por intermédio deste corpo, que anda nas ruas com estas pernas ou por meio delas? E que funciona por meio do instrumento chamado corpo?

Eu sou um ser; meu ser não depende do meu corpo: meu corpo é dependente de meu ser. O Eu que Eu sou governa este corpo que não tem vontade, inteligência e ação próprias. Meu corpo responde a mim, é regido por mim, é minha imagem, semelhança e manifestação, o Eu que Eu sou. Há um Espírito em mim: o sopro do Todo-Poderoso que me dá vida. A atividade de Deus em mim, Seu Espírito invisível, rege minhas funções corporais, órgãos e músculos mantendo-os e sustentando-os até a eternidade. Nada externo que contamine ou iluda meu corpo pode entrar neste templo do Deus vivo. Tudo o que é de Deus será mantido e sustentado por Ele. Conceitos mortais sobre o meu corpo podem passar, mas a verdade sobre ele viverá para sempre, porque ele é o templo do Deus vivo.

Todo poder está em Deus atuando como lei em meu corpo. Ele é a única lei, bem como o único legislador. A lei espiritual que rege meu corpo não supera ou anula a lei material; na realidade, revela que o sentido material da lei não tem nenhum efeito. "Ficai parado e vede o livramento do Senhor... não por força nem por poder, mas pelo meu Espírito." Este corpo é o templo de Deus. Eu não preciso lutar, nem buscar a cura, pois a batalha não é minha, mas de Deus e, corretamente entendida, não é uma batalha: é uma revelação de que este corpo é o templo do Deus vivo, governado pela lei espiritual. Todo conceito mortal ou material que eu considero sobre o corpo se dissolve no reconhecimento de que meu corpo é templo de Deus vivo, eterno, atemporal, sem doenças, sem morte. Deus é o centro do meu ser e do meu corpo.

Deus é a substancia e força do meu corpo. "Posso fazer todas as coisas em Cristo que me fortalece... O Senhor é a minha força e canto... Deus é a minha força e poder: e Ele aperfeiçoa o meu caminho... o Senhor é a força da minha vida; a quem temerei?" Se procuro força no meu corpo, encontro doença, morte e fraqueza. Por outro lado, encontro a vida eterna ao admitir que tanto o Cristo quanto minha filiação divina e a palavra de

Deus dentro de mim são a minha força, minha juventude, minha vitalidade, meu tudo em tudo...

"Eu sou o pão da vida: aquele que vem a Mim jamais terá fome e quem crê em Mim nunca terá sede." Eu tenho água. Se você buscar a Mim, Eu posso lhe dar uma água que brota para a vida eterna. Eu não vivo só de pão. Toda Palavra de Deus que vem à minha consciência é pão, vinho, água e carne para a minha Alma, meu espírito, meu ser e meu corpo. Toda Palavra da verdade que eu permito preencher minha consciência é a carne que o mundo não conhece. Toda Palavra da verdade que eu mantiver na consciência é uma fonte de água brotando para a vida eterna.

Quando eu estou vazio da Palavra de Deus, falta-me vigor. O alimento mais saboroso é como serragem — mero volume no meu sistema — a menos que a Palavra de Deus o acompanhe como lei de digestão, assimilação e eliminação.

Eu sou o vinho, a inspiração, a sabedoria espiritual. Eu sou aquele que ilumina e eleva. Deus é que ilumina, eleva e inspira. Eu posso conhecer todas as coisas por intermédio do Cristo, o Filho de Deus, minha sabedoria. A Palavra de Deus em mim, que o mundo desconhece, é o pão, o vinho, a água. Eu a mantenho escondida secretamente dentro de mim, porque, se o mundo a conhecesse, não a entenderia. A Palavra de Deus em mim é poderosa, revelando o templo perfeito de Deus — meu corpo, o corpo não feito por mãos, eterno nos céus.

Neste tipo de meditação deixamos de lado todas as formas e vamos além do visível para o invisível. Assim contemplamos o invisível mantendo o visível. Devemos viver, mover-nos e ter o nosso ser na consciência de Deus. Que nós vivamos e habitemos no esconderijo do Altíssimo. Então veremos o corpo como realmente é: o templo não feito por mãos, eterno nos céus. "Eis aqui o tabernáculo de Deus com os homens, e Ele habitará com eles... e nenhum sábio deve entrar nele, com algo que o contamine, o abomine ou o iluda."

Capítulo IX
A prata é minha

A prata é minha; o ouro é meu, disse o Senhor dos Exércitos.

A glória desta última casa será maior do que a da primeira, diz o Senhor dos Exércitos.

Ageu 2:8-9

Se o Senhor não edificar a casa, em vão trabalham os que edificam.

Salmos 127:1

"Se o Senhor não edificar a casa", a menos que entendamos Deus como sendo a fonte de nosso suprimento, não há suprimento permanente. Essa "casa" é nossa consciência individual: quando a consciência humana não é iluminada, ela é estéril; falta-lhe a substância espiritual de onde o suprimento flui.

"Semeais muito e recolheis pouco; comeis, mas não vos fartais; bebeis, mas não vos saciais; vesti-vos, mas não vos aqueceis; e aquele que recebe salário, recebe-o para guardar num saco furado." Sim, tudo isto diz respeito a você — "você", cuja consciência não é iluminada. Como seres humanos, semeamos muito e colhemos pouco; trabalhamos pesado e muitas vezes não realizamos nada; ganhamos salários e, frequentemente, já não temos mais nada, porque tudo isso vem de uma consciência estéril e pobre. Na aridez da consciência humana, independente do que construímos, nossos esforços não são permanentes e tampouco duradouros. Comemos e temos fome novamente; bebemos e ainda temos sede; envolvemo-nos nas atividades da vida, mas nada permanece. "É inútil levantar cedo ou deitar tarde" a fim de manifestar suprimento.

E aprendemos: "Assim diz o Senhor dos Exércitos: 'Considerai os vossos caminhos'". Com esse conselho somos instruídos a subir até a montanha, isto é, elevarmo-nos a um alto estado de consciência; chegar a lugares altos e de lá "trazer madeira e edificar a casa". Toda vez que meditarmos ou nos preenchermos com "a carne que não conhecemos, a água, o vinho ou o pão da vida" significando substância e alimento espiritual, estaremos construindo a casa de consciência espiritual, uma consciência da verdade.

Assim que a casa é construída, o Senhor diz: "Nela Eu terei prazer e serei glorificado". Estamos falando do *Eu*:

> Agora seja forte, Zorobabel, diz o Senhor; seja forte Josué, filho de Jeozadaque, o sumo sacerdote; sejam fortes todos os povos da terra, diz o Senhor, e trabalhem: porque Eu estou convosco, diz o Senhor dos Exércitos.
>
> Porque assim diz o Senhor dos Exércitos: Ainda uma vez, dentro em breve, farei tremer os céus e a terra, o mar e a terra seca;

Farei tremer todas as nações e virão coisas preciosas de todas as nações e encherei de glória esta casa, diz o Senhor dos Exércitos.

Minha é a prata, e meu é o ouro, disse o Senhor dos Exércitos.

A glória desta última casa será maior do que a da primeira, diz o Senhor dos Exércitos, e neste lugar darei a paz, diz o Senhor dos Exércitos.

Ageu 2: 6-9

Antes disso, era tudo "você"; era nosso e, por mais que tivéssemos, seria pouco. Reconheçamos que tanto a prata quanto o poder são do Senhor. Comecemos a entender que a terra e toda a sua plenitude são do Senhor. O *Eu,* dentro de nós, se multiplica a partir dos recursos invisíveis do Espírito, não tirando nada de ninguém, nem dividindo aquilo que já está pronto no mundo e muito menos fazendo uso dos recursos visíveis da Terra. O suprimento é multiplicado a partir do nosso interior, trazendo à luz o tesouro invisível de nosso próprio ser.

Nossa consciência individual é o celeiro de desdobramento espiritual infinito. No momento em que começamos a nos abastecer desse tesouro inesgotável, que não leva em conta o que está no mundo visível, deixamos de nos preocupar com o muito ou o com o pouco que temos, ou com o fato de a situação econômica atual do mundo ser de prosperidade ou de depressão. Deus nos deu de Sua infinita generosidade, e é ilimitado na Sua manifestação, enquanto reconhecemos que a terra, a prata e o ouro são do Senhor. São limitadas apenas quando acreditamos que nossa quota de bens do mundo — a terra, a prata e o ouro — são bens pessoais, pertencentes aos seres humanos. Apesar do número e quantidade de bens pessoais adquiridos, um sentimento de finitude toma forma e muitas vezes não sobra nada. Quando percebemos que a prata e o ouro são de Deus, atingimos uma fonte infinita da qual quanto mais se tira mais se tem. Quando temos Deus, nosso suprimento é infinito.

Somos supridos de nossas necessidades de acordo com o estado de nossa consciência. Tudo o que nos vem é resultado da atividade da verdade que nela existe. Se mantivermos amanhã a mesma consciência que temos hoje, não poderemos esperar resultados diferentes. Para desfrutar, no futuro, uma experiência mais satisfatória, é necessário que haja, hoje, uma atividade de expansão da verdade em nossa consciência.

À medida que começamos a entender que Deus é a nossa consciência individual e que Ele é infinito, percebemos a verdadeira natureza do suprimento como aquilo que é invisível, não mais julgando pelas aparências quanto à quantidade, tampouco acreditando na sua falta. Não pode uma consciência próspera ter carência. Durante as guerras e depressões, ou durante um período de estresse e tensão, tal como os hebreus experimentaram em sua jornada do Egito à Terra Prometida, é possível que o suprimento falte temporariamente. Mas sabendo que Ele é o

Infinito Invisível aparecendo como forma, "os anos de gafanhotos" são rapidamente restaurados e Ele se revela como onipresente e abundante.

Podemos valer-nos de nossa Cristicidade para qualquer coisa, qualquer coisa mesmo, na medida de nossa compreensão dessa verdade. Se houver uma multidão clamando para ser alimentada, sem celeiro de onde tirar alimento, possuindo apenas alguns pães e peixes, como pode ser alimentada? Não existe alternativa para os seres humanos, a não ser a fome; mas como ser-Crístico nos voltamos para o Pai interno e trazemos das profundezas da infinitude de nosso próprio ser uma abundância de suprimento, de comida ou do que seja necessário. A partir de nossa Cristicidade — a natureza infinita do nosso ser — podem fluir milhões de palavras, milhões de ideias e, por que não, muito dinheiro. Qual é a diferença? A fonte é a mesma; a substância é a mesma: no princípio era Deus e Deus era Espírito; tudo o que vem à luz vem do Pai, o Espírito.

Deus é; o infinito é; o bem infinito já é. Abundância infinita está preenchendo todos os espaços, aguardando apenas o meu reconhecimento. Tudo o que é necessário para o meu desdobramento está presente na minha consciência. Minha alma invisível é a substância de todas as formas.

Nunca mais preciso depender de qualquer pessoa, nem estar à mercê de minha própria força ou de meus recursos financeiros. Existe Algo além da minha própria sabedoria e meu próprio poder. Há um suporte no qual posso apoiar-me em completa fé e confiança e de onde recebo tudo o que é necessário para minha completude. A presença desse Espírito em mim aparece como água ou como pão, quando eu deles precisar. Esse Espírito é a substância de tudo o que virá a se manifestar; é uma lei invisível atuando como multiplicação e atração. Eu descanso na confiança e segurança no colo de Cristo.

"A prata e o ouro são meus." Deus é o depósito eterno de todo o bem. Eu me volto para o depósito infinito e deixo o bem de Deus se expressar, não me importando de que forma flui, nem tentando direcioná-lo, porque meu Pai celestial conhece as coisas que preciso antes que eu pergunte a Ele. É Seu prazer proporcionar tudo de bom para mim. Eu retiro meu suprimento do depósito invisível dentro do meu próprio ser, esse Eu interior que se multiplica a partir dos recursos invisíveis do Espírito. Deus é um ser infinito que Se expressa infinitamente, derramando-Se através de mim como suprimento ilimitado.

O Bem está aqui e agora, onde eu estou. Eu não vivo do maná de ontem. A falta ou a abundância do maná de ontem não determina o valor de meu suprimento hoje. Nem vivo do maná de amanhã. Na consciência da eterna presença de Deus não há amanhã; tempo e espaço não existem; só existe o eterno agora e Seu solo sagrado infinito. Neste momento e neste lugar, o maná cai abundantemente. Todo o bem flui do centro de meu ser suprindo todas as minhas necessidades, me preenchendo com a água viva, o pão da vida e a carne que não perece.

É necessário comer e beber dessa verdade, digeri-la e assimilá-la, tornando-a parte de nosso próprio ser, até que um dia, uma semana, um mês ou um ano a partir de agora comecemos a ver os frutos, na diminuição da dúvida e na medida da paz que se estabelece no interior.

A vida se torna totalmente diferente, uma vez que compreendemos a visão da grande verdade da Palavra que procede da boca de Deus e é a substância de nossa vida — água, vinho, pão e carne. Começamos a ver que o que é externo e tangível é o efeito daquilo que é invisível. Nunca mais julgaremos nossa provisão por quanto dinheiro possuímos, mas por quanto percebemos de Deus. "Minha é a prata e meu é o ouro... Na Tua presença há plenitude de vida" e, portanto, nos voltamos para nosso interior para atingirmos a consciência da Presença.

Capítulo X
O lugar em que estás

O lugar em que estás é solo sagrado.

Êxodo 3:5

Porque desde a antiguidade não se ouviu, nem com ouvidos se percebeu, nem com os olhos se viu um Deus além de ti que trabalha para aquele que Nele espera.

Isaías 64:4

Tu me farás conhecer a vereda da vida; na tua presença há plenitude de alegria; à tua mão direita há delícias perpetuamente.

Salmos 16:11

Onde quer que estejamos agora é solo sagrado. Nesta consciência podemos relaxar e deixar que o Pai nos revele Seu plano. Deus, o Pai, é infinito e essa infinitude se manifesta por intermédio de nós como nossa atividade, seja de ministro, médico, advogado, enfermeiro, professor, curador, dona de casa, empresário ou mecânico. O trabalho atribuído a nós hoje pode não ser nossa escolha, mas se, em vez de remar contra a maré, lembrarmos que Deus está trabalhando Seu plano na terra e que estamos aqui apenas para demonstrar Sua glória, nada será limitado, confinado ou finito em nossa vida ou atividade. O Pai, sendo infinito, manifesta-Se infinitamente.

Não temos o direito de interferir no plano divino; nossa responsabilidade é atuar onde estivermos, confiantes de que, seja qual for o lugar, é solo sagrado: uma prisão, um hospital ou um lugar de alta honra; seja ele elevado ou humilde, é solo sagrado. Lá desempenhamos o papel atribuído a nós e lá permanecemos até que Deus nos transfira. Interferimos com o plano divino quando deixamos o pequeno "eu" decidir onde deveríamos atuar, em vez de estarmos satisfeitos em deixar que o Cristo determine a nossa atividade.

Nada trará um sentido tão abundante de vida como a percepção de nossa completude em Deus e não em fulano ou beltrano, mas em Deus. Tal completude se manifesta como sendo harmonia e abundância de todos os seres, mas ainda não é sua realização pessoal de abundância, sucesso, inteligência ou amor. A sabedoria do Pai se manifesta e se expressa por intermédio de cada pessoa que Lhe permite atuar em sua experiência ao reconhecer sua unidade com o Pai. Não é muito difícil ser aquilo que o mundo chama de ambicioso, alcançando uma posição importante e influente e dessa forma glorificar e exaltar o sentimento pessoal do eu. É muito mais difícil esperar que o mundo venha a nós, mas, se finalmente percebermos que o Cristo é a verdadeira mente do nosso ser, a verdadeira alma, sabedoria e o amor verdadeiro, veremos que tudo e todos irão gravitar em torno desse Cristo e nossa atividade divina se manifestará.

Se, no entanto, em nosso egocentrismo, acreditamos que o nosso sucesso depende de nós ou é o resultado de nossos esforços e qualidades pessoais, podemos achar tal sucesso vazio e fugaz. "Esperastes muito, mas eis que veio a ser pouco; e esse pouco, quando o trouxestes para casa, Eu dissipei com um sopro. Por quê? disse o Senhor dos Exércitos. Por causa da minha casa, que está deserta, enquanto cada um de vós corre à sua própria casa" para seu próprio intelecto, seu próprio senso de sabedoria, sua própria espiritualidade, em vez de para Deus, o Infinito invisível, a causa e a fonte do seu ser. Ao meditarmos, não nos voltamos para nossa própria espiritualidade, bondade, força ou o próprio conhecimento, mas, sim, para dentro de nós mesmos, a fim de libertar o Infinito Invisível. A única permanência é nessa totalidade que vem por intermédio de Deus, pela percepção da natureza espiritual do nosso ser e a capacidade de deixá-lo manifestar-se e se expressar em qualquer direção que possa tomar.

Nessa quietude, ao acessarmos essa visão de nossa unidade com o Pai, Deus derrama Seu bem infinito por intermédio de nós. Veremos que, sem qualquer esforço ou luta, folhas se desdobrarão, pequenos botões florescerão e, na expectativa silenciosa, ativos no trabalho que nos é dado a fazer a cada dia, os frutos virão. Cada um de nós tem uma tarefa específica para o dia de hoje. Se fizermos isso sem a preocupação do amanhã, na compreensão de que Deus, por intermédio do Cristo invisível do nosso ser, está sempre derramando Sua essência, substância e generosidade em nós, no dia seguinte algo a mais nos será dado fazer.

Amanhã haverá outra missão, outro trabalho ou outra atividade para nós; porém, nada pode nos separar de nosso trabalho. Quando o Cristo é percebido, Sua atividade jamais é enfraquecida, impedida, retardada ou interrompida, porque Deus tem sempre um modo de abrir todos os caminhos. Nada pode impedir que nossa vida frutifique no seu devido tempo, pois, quando esse momento chega, o poder de Deus força Sua manifestação tão inexoravelmente quanto o feto quando está pronto para nascer.

O governo está sobre Seus ombros. Ao escutarmos esse *Eu* que é profundo dentro de nosso próprio ser, somos guiados pelo Espírito. Contemplamos a mão de Deus que se estende para nós, se manifesta e coloca Sua glória em nossa experiência sendo nossa atividade. Testemunhamos a mão de Deus dentro de nós ao nos oferecer o seu bem; nosso bem vindo para nós de dentro de nós, não de fora, mas do reino de Deus que está dentro de nós; não do homem cujo fôlego está no nariz, nem do homem que poderia dar ou reter. A mão de Deus não retém, nem limita.

Passo a passo, o Cristo nos leva de uma atividade a outra: do mundo dos negócios ao mundo da música, do mundo familiar ao ministério da cura ou do ensino. Cristo pode fazer de nós qualquer coisa, pois para Ele não há nenhuma profissão favorita; desde que seja de natureza construtiva, nenhuma é mais espiritual do que a outra. Todas são iguais aos olhos de Deus;

todas são atividades da graça aparecendo em infinitas formas e variedades.

A vida pela graça é vivida com o entendimento de que o amanhã não é nossa preocupação, mas de Deus. A Sua graça não concede o sucesso ou a felicidade parcial, nem exige o que não pode ser cumprido. Deus nos dá a tarefa, enquanto a graça nos dá a compreensão, a força e a sabedoria para realizá-la. Tudo o que é necessário para o cumprimento dessa tarefa, quer se trate de transporte, recursos, livros, pessoas, professores ou ensinamentos, está sempre próximo. Tudo que vem por meio da graça vem como realização.

Quanto mais tivermos, mais será esperado de nós, pois, a quem mais for dado, mais será exigido. Podemos cumprir toda e qualquer exigência, se percebermos que a demanda não é feita sobre nós, mas sobre Aquele que nos enviou. "Eu não posso, por mim mesmo, fazer nada", mas o Pai em mim pode. A graça divina nos permite realizar todo o necessário e, a seu próprio tempo, liberta-nos de qualquer fardo pela percepção de que o peso está nos ombros do Pai. Quando Deus cumpre um dever Ele tem meios de cumpri-lo, de modo que não se repita mais.

Derramemos nossos dons do Espírito sobre as pessoas sem buscá-las. Não nos esforcemos demais, mesmo em nossa família, buscando impor esse dom, pois, se o desperdiçarmos com pessoas despreparadas, ficaremos empobrecidos. Mesmo que seja apenas uma pessoa, esperemos que venha até nós. Em nossa casa, nossa loja ou escritório permaneçamos em silêncio, mantendo o nosso tesouro a salvo do mundo. Aqueles que são receptivos respondem à luz dentro de nós e reconhecem o brilho em nossos olhos ou o sorriso em nossa face. Quando vier um por um, aceitemos cada um como se fosse uma multidão em busca de pão e água fresca doando tudo com amor, alegria, gentileza e com o poder da autoridade. Recorrendo à infinitude de nosso ser, tudo irá fluir: palavras da verdade, compaixão, amor, cura, graça, suprimento, alimento, água, proteção, cuidado, companheirismo — tudo isso a partir do Cristo de dentro de nós.

Vamos renascer na consciência espiritual da natureza infinita de nosso próprio ser e de nosso Ser já completo. Que a nossa oração seja:

Obrigado, Pai, Eu sou. O que tenho buscado, Eu já Sou. Tudo está incorporado dentro do meu próprio ser e só me basta manifestá-Lo. Nada pode ser adicionado a mim, nem tirado de mim.

"Eu posso fazer todas as coisas no Cristo que me fortalece... eu vivo, não mais eu." Realmente é Deus vivendo em mim como sendo eu realizando as coisas que me são dadas fazer. Eu sou o centro do Ser, através do qual Ele derrama Seu infinito bem para este universo, fazendo de mim Seu instrumento. Meu único propósito na Terra é dar testemunho de Sua glória, Sua grandeza e Sua infinitude, ou seja, manifestar Sua obra.

Deus é meu pai, Deus é o meu ambiente e Deus é a minha herança. Esse eu que eu sou não é limitado por qualquer sentimento pessoal de consciência, inconsciência ou supraconsciência; é limitado apenas pelas limitações impostas a Deus e, uma vez que Ele é infinito, não há limitações. Tudo o que a consciência universal é está derramando-se em mim. Deixo Deus fluir através de mim para este vasto mundo.

Eu vim para que isto possa cumpri-se. Eu vou preparar-vos um lugar. O Eu do meu Ser, que é o Ser divino, vai preparar o caminho. Meu Pai celestial sabe que preciso dessas coisas, e é de Seu agrado dá-las a mim sem lutas, sem esforço, ou trabalho, sem mesmo pedir ou implorar por elas. Esse bem é meu por direito, por herança divina.

Acordo com confiança e me alegro em qualquer trabalho que me é dado fazer. Qualquer que seja o trabalho, eu o faço, não para ganhar a vida ou desempenhar um dever oneroso; mas, com prazer e alegria, eu o deixo desdobrar-se como atividade de Deus Se expressando através de mim.

Cristo flui quando, continuamente, olhamos para Ele como a fonte de nosso bem. Quando colocamos nossa total confiança na Presença divina interior, nos tornamos esse ponto através do qual Deus brilha para o mundo e aceitamos de bom grado nosso papel, como um canal através do qual o bem flui, em vez de olhar para o mundo, esperando que o bem possa fluir dele para nós. Toda Divindade se derrama por intermédio de nós para aqueles que ainda não conhecem sua unidade consciente com Deus. O homem espiritual descansa nessa união e permite a infinita manifestação do bem: nunca procura, deseja ou quer; apenas suporta e serve. Quanto mais transparentes somos para o Cristo, melhores servos nos tornamos. Atuamos como um instrumento por intermédio do qual o Pai alimenta Seu rebanho e nos tornamos o caminho pelo qual o bem espiritual infinito se derrama e se expressa de forma visível.

Capítulo XI
Pois o amor é de deus

Amados, amemo-nos uns aos outros; porque o amor é de Deus.

1 João 4:7

Para que todos sejam um, como Tu, ó Pai, és em mim e eu em Ti; que também eles sejam um em nós...

João 17:21

Viver, mover-se e manter o nosso ser na contínua consciência de Deus revela o segredo de viver com outras pessoas. E qual é o segredo do nosso relacionamento com os outros? Como podemos alcançar a harmonia em nossas relações interpessoais?

Do ponto de vista humano, boas relações entre grupos de pessoas ou entre indivíduos dependem da qualidade da comunicação. Com bastante frequência as tentativas de comunicação resultam em mal-entendidos e confusões ainda piores. Muitas vezes esses efeitos infelizes devem-se à crença predominante de que há muitas mentes com interesses diversos: que podemos conseguir alguma coisa de alguém ou que alguém possa tirar algo de nós.

O Caminho Infinito, no entanto, trata esse problema de um ponto de vista totalmente diferente. Nosso segredo está em um novo conceito de relações humanas: uma relação baseada na unidade, que nasce da convicção de que não somos seres separados e apartados uns dos outros, mas de que nossa unidade com Deus constitui nossa unidade com os outros.

Deus é mente individual; a mente de Deus em mim se dirige à mente de Deus em você. A única Inteligência infinita, agindo através de mim, se comunica com a Inteligência infinita agindo através de você. Uma Inteligência fala; uma Inteligência ouve; nós somos um. Estamos de acordo, não porque concordamos uns com os outros, mas porque Deus concorda com Ele mesmo. Deus é a única mente, portanto, nessa única mente não pode haver mal-entendidos. Deus fala para Deus. A Vida se revela para a Vida. A Alma fala para a Alma. Eu sou apenas um instrumento por intermédio do qual a Inteligência infinita e o Amor divino estão sendo revelados para a Inteligência infinita e o Amor divino daqueles que estão no alcance da minha consciência. Nesse fluxo de Amor de você para mim e de mim para você, não há separação.

As pressões do mundo não só nos teriam separado de Deus, mas também dos outros homens, o homem da mulher, o pai da criança, o amigo do amigo, o patrão do empregado. O mundo nos tornou inimigos naturais uns dos outros. Um animal oprime o outro e o grande animal — o homem — oprime todos os outros. O caminho do mundo é a separação; o caminho do Cristo é a unidade. Isaías captou essa visão de unidade quando disse: "O lobo habitará com o cordeiro, e o leopardo se deitará com o cabrito, e o filho do leão novo e o animal cevado andarão juntos. Não se fará mal nem dano algum em todo o meu santo monte".

O ingrediente essencial de todos os relacionamentos satisfatórios é o amor. Nosso amor por Deus se manifesta em nosso amor aos homens. Não somos apenas um com Deus, mas somos um com Seus filhos: com nossas famílias, com os membros de nossa igreja, com os nossos parceiros de negócios, com nossos amigos. Quando reconhecemos Deus como nosso próximo, nos tornamos membros da Sua família, santos no reino espiritual: é a nossa entrega total ao infinito Mar do Espírito. O bem de Deus flui para nós por meio de tudo que se torna uma parte de nosso universo. Para os que vivem em comunhão com Deus, servem a Ele por intermédio de seus semelhantes, a promessa é, literalmente, mantida: Tudo o que Eu tenho é teu.

Não há mais necessidade ou desejo por alguma pessoa ou alguma coisa, pois cada coisa e cada pessoa se tornam parte de nosso ser. Aquilo a que nos rendemos, passa a ser nosso; aquilo a que nos apegamos, perdemos. Tudo aquilo que liberamos atraímos para nós; o que mantemos livre liga-se a nós para sempre. "Solte-o e deixe-o ir." Vamos todos nos soltar em Cristo, confiando no Deus de nosso próprio ser. Não prendemos ninguém em cativeiro, em nome do amor, ódio, medo ou dúvida. Não exigimos nem mesmo o amor de alguém e concordamos que ninguém nos deve nada. Apenas quando sentimos que não estamos em dívida e quando não prendemos ninguém somos livres e libertamos nosso mundo.

Se mantivermos nosso relacionamento de unidade com Deus numa percepção consciente, haverá sempre em nossa experiência aqueles que serão instrumentos Dele, compartilhando conosco da mesma forma que nós com eles, fundamentados na mesma Unidade ilimitada. Se esperarmos amor dos outros, obstruímos e limitamos o seu fluxo para nós. Mas, se mantivermos nossa união consciente com Deus, por uma percepção constante de que eu e o Pai somos um, então abriremos o caminho para a Sua atividade fluir para nós, por intermédio de toda pessoa receptiva e sensível ao Seu impulso. Nosso contato com Ele é o nosso contato com toda pessoa ou lugar que possa, de alguma forma, desempenhar um papel no desenrolar da nossa experiência diária, no nosso próprio ambiente, não só as pessoas e lugares, mas todo o universo. Todo o bem que nos é destinado encontra seu caminho até nós.

Nosso bem vem por meio da graça, a qual se manifestará naturalmente se não interferirmos no seu funcionamento, planejando como deve ser expressa. Compreendendo que Deus é o doador de todo o bem, não procuremos no nosso próximo nossos direitos humanos e legais. Em circunstâncias que justifiquem a ação judicial, naturalmente tomaríamos as providências necessárias para obter assessoria jurídica competente e apresentar nosso caso da melhor forma possível. Nossa fé e confiança, no entanto, não descansariam nos aspectos técnicos do procedimento legal, mas em Deus como a fonte de toda justiça. Juízes, júri, advogados e testemunhas seriam considerados como instrumentos expressando a justiça de Deus.

A atitude dos outros em relação a nós é precisamente sua própria manifestação. Se agirem de acordo com o bem, colherão o bem; se suas ações forem contrárias ao bem, colherão discórdia. As ações só nos fazem mal à medida que permitimos. Ninguém pode nos fazer bem ou mal, porque estamos sob o governo e controle de Deus. Se olharmos apenas para o Pai interior, os pensamentos ou ações dos homens nunca nos afetarão. Somos responsáveis por nossa própria conduta para com todos, a qual deve ser de acordo com o grande mandamento: Ama ao teu próximo como a ti mesmo; ama teu inimigos; perdoa setenta vezes sete; ora por aqueles que te maldizem. Nunca temas ou odeies aqueles que agem de forma contrária à lei divina do único Ser; mas regozija-te com aqueles que se deixam usar por Deus como instrumentos para o bem.

Somos confrontados com a humanidade em muitos níveis — alguns bons, outros ruins e outros intoleráveis. Podemos classificar a humanidade em estados variados de consciência. Vivendo apenas como seres humanos, com seus recursos interiores inexplorados, sem saber de sua verdadeira identidade, a vida para alguns se torna uma luta desesperada contra todas as probabilidades insuperáveis, como problemas de saúde, pequenos ganhos e altos impostos. Para encobrir seu fracasso e sentimento de inadequação, algumas pessoas exteriorizam uma falsa alegria escondendo, assim, sua decepção e frustração. No entanto, todas estão famintas de amor. E como querem ser amadas? Primeiramente, sendo compreendidas. A maioria de nós está convencida de que ninguém nos entende; se os nossos amigos e parentes realmente nos entendessem, iriam nos perdoar mais. Sempre que entramos em contato com diferentes graus de humanidade, nossa atitude deve ser a do Mestre: "Pai, perdoa-lhes, porque eles não sabem o que fazem"; não estão despertos para sua Cristicidade. A medida sempre deve ser: independente da aparência, Deus é o seu verdadeiro ser; Deus é a única lei que os governa e o único que lhes atribui suas características.

Existe apenas um único Ser infinito e apenas uma pessoa, uma vez que Deus é o único e é infinito. Portanto, existe apenas uma vida — a vida de Deus —, mesmo que ela se manifeste em doze espécies diferentes. Assim acontece conosco; apesar de nossos amigos e conhecidos poderem ser contados às centenas, só há uma vida que se manifesta na expressão individual. As pessoas não podem nos amedrontar se lembrarmos que Deus é um só, que há apenas um Ser e que esse único Ser é Deus. Nessa unidade não pode haver discórdia, desarmonia ou injustiça.

Nosso senso de perdão é a compreensão de que ninguém pode nos prejudicar, porque a graça de Deus mantém e sustenta a nossa relação de unidade com o Pai, sob quaisquer circunstâncias. Há um fio invisível, chamado Cristo, nos unindo a todos. Se estivermos ligados uns aos outros por laços materiais de qualquer natureza, esses laços logo se tornam um fardo, e se o vínculo que existe for com um membro de uma organização, alguma forma humana de obrigação — sangue ou casamento — sendo de natureza material, vai nos aborrecer. Apenas quando o amor por trás desses laços materiais for puro, desprovido de qualquer consideração egoísta, a relação será harmoniosa, permanente e mutuamente benéfica.

Não pode haver amor verdadeiro e duradouro num relacionamento onde Deus não entrar. Não há milagre de amor em qualquer casamento, a menos que Ele seja a pedra fundamental. Se conhecermos Seu amor, conheceremos o amor do homem, pois Seu amor é uma entrega total na união mística de Pai e Filho: Deus, tudo o que eu tenho é Teu, assim como tudo o que Tu tens é meu — meu tempo, minhas mãos, minha vida estão a Teu serviço. Se homens e mulheres experimentarem uma entrega total a Deus, a ponto de se tornarem um com Ele, quando chegar a hora de se casarem irão entrar nesse mesmo tipo de relacionamento um com o outro, as palavras da cerimônia se tornarão realidade e dois se tornarão um.

O lar é a expressão da consciência dos indivíduos que compõem a família e adquire a atmosfera da consciência daqueles que a formam. Em uma casa, como tal, não há amor nem ódio, pecado nem pureza, doença nem saúde; mas se os membros dessa família permitirem que sua consciência seja preenchida com pensamentos de pecado, doença, carência, limitação, suspeita ou medo, então a discórdia, a desarmonia e a pobreza reinarão nesse recinto. Por outro lado, se a consciência daqueles que formam esse lar expressar amor, compreensão, fé, coragem, esperança e garantia, a casa torna-se um santuário. A visão da nova Jerusalém irá construir nessa casa uma cidade sagrada governada pelo amor.

É verdade que muitos de nós não podemos levar toda a nossa família conosco ao reino dos céus e talvez não consigamos ser bem-sucedidos ao tentar transformar nossa casa naquela cidade santa; entretanto, podemos permanecer firmes em nossa compreensão da identidade Crística de cada pessoa nela — não exteriorizando ou falando uma infinidade de palavras sem sentido, mas, em silêncio, mantendo nossa integridade espiritual, deixando que nossa vida seja testemunha viva da verdade percebida.

O Mestre manifestou-Se para Si mesmo e para Seus seguidores no silêncio de Seu próprio Ser. Ele não hesitou em se afastar das multidões para ficar em solitude. Nós, também, podemos encontrar nossos períodos silenciosos de renovação, no início da manhã, à tarde, à noitinha, no meio da noite ou em momentos durante o dia, retirando breves intervalos das exigências da vida familiar. Nossa percepção da verdade se exterioriza em harmonia e paz em nosso lar. O Verbo se faz carne.

A menos que, nesses períodos de silêncio, Deus entre em nossos relacionamentos com nossa família, todos os nossos esforços para criar um lar podem dar em nada. A água, o pão ou o vinho material que podemos dar à família — o serviço — não satisfazem e no dia seguinte todos terão fome e sede novamente. É apenas em proporção ao reconhecimento de nossa Cristicidade e da verdadeira identidade dos nossos familiares, que seremos capazes de lhes dar água viva: "Aqueles que beberem da água que Eu lhes der, nunca mais terão sede". Então, Deus se realiza por intermédio de nós, enquanto cumprimos a nossa parte, trazendo paz à consciência individual.

Quando estamos conscientes da nossa união com Deus, nos voltando para o Pai interior como a fonte de todo o bem, nossa relação com o outro é pura e completamente livre de qualquer desejo de obter ou ter algo que alguém mais tenha. A relação espiritual é doação, partilha e cooperação. É como dar presentes aos filhos, marido, esposa, irmãos, irmãs ou amigos, não esperando qualquer retorno, nem por qualquer razão, não por ganharem ou merecerem; somente pela pura alegria de expressar amor. Quando nossos relacionamentos se baseiam não sobre o que nós merecemos ou ganhamos do outro, mas sobre o que está dentro de nossos corações ao darmos ou compartilharmos — não apenas dinheiro, mas todas as gentilezas da vida — cooperação, perdão, compreensão, confiança e afabilidade — somente aí se estabelecerá uma relação permanente, puro dom do Espírito, pura doação de nós mesmos. "Pois o amor é de Deus."

Capítulo XII
Pois ele é tua vida

Porque Eu não tenho prazer na morte daquele que morre, diz o Senhor DEUS; convertei-vos, e vivei.
Ezequiel 18:32

...Pois Ele é a tua vida e a extensão dos teus dias....
Deuteronômio 30:20

Na casa de meu Pai há muitas moradas; se não fosse assim, eu vos teria dito.
João 14:2

Aquele que crê em mim tem a vida eterna.
E esta é a vontade daquele que me enviou: Que todo aquele que vê o Filho e crê Nele tenha a vida eterna...
João 6:40

A imortalidade é o reconhecimento de nossa identidade verdadeira como Ser Divino, uma identidade sem principio e sem fim, eterna e duradoura, o reconhecimento de Deus como Pai e de Deus como Filho. Esta não é uma ideia nova para aqueles no caminho espiritual, mas a pedra fundamental sobre a qual descansa todo grande ensinamento espiritual conhecido pelo homem; porém, a essência desse ensinamento foi enterrada nos conceitos dominantes da imortalidade como sendo uma existência superior à de Matusalém neste mundo ou como se a felicidade eterna só fosse alcançada depois da morte. A primeira é uma simples noção dourada de "longevidade". A segunda está baseada sobre a premissa errônea de que a morte é parte da criação de Deus; no entanto, o Mestre declarou veementemente: "O último inimigo que deverá ser vencido é a morte".

É verdade que, num momento ou outro, desaparecemos da visão humana. Cada um, no seu tempo, deixará este plano de consciência. Aqueles que não têm conhecimento de Deus e sua relação com Ele, podem ser forçados a sair de seu corpo por doença, acidente ou idade avançada; mas, aqueles com uma compreensão correta de Deus farão a transição sem esforço, dor ou enfermidade. Todos, finalmente, deixarão este plano.

"Na casa de meu Pai há muitas moradas." Nós passamos do berço à infância, desta à adolescência e à maturidade, cada estado de consciência sendo uma das muitas moradas de Deus. Aqueles que aceitam a transição de um estado de consciência para outro como uma atividade Dele, não olhando para trás numa vã tentativa de se agarrar aos estados de consciência que deveriam ter sido superados, não experimentam os conflitos da velhice. Resistir ao avanço dos anos como se fosse algo a ser temido produz muitas das mazelas associadas à idade. Aceitar a mudança normal e natural que acompanha a transição de uma fase da vida à outra nos permitirá ansiar pela experiência da maturidade e dos anos avançados com alegria e confiança ao invés de medo e pavor.

Não há diferença entre o fluir de Deus neste minuto ou cem anos à frente. Na verdade, a vida de Deus jamais irá envelhecer nem terminar, pois Ele tem um trabalho espiritual para cada um de nós e nos deu Sua habilidade para realizá-lo. Enquanto houver trabalho para nós neste plano de existência, Deus nos manterá com vitalidade, força, juventude, saúde e integridade. Nesta certeza, não mais iremos confundir longevidade com imortalidade, porque longevidade não é imortalidade: é meramente uma continuação de nossa existência física atual. Não tenhamos preocupação com a duração visível de nossos anos na terra, mas, sim, com a manifestação de nosso Ser eterno, sempre dedicados aos negócios do Pai.

Toda transição é para a glória de Deus e desenvolvimento da nossa Alma individual. Aqueles que estão se aproximando da meia-idade e além devem aprender a perguntar ao Pai: "O que é que Tu tens para eu fazer agora?". Assim, exatamente como a flor desabrocha, desaparece e dá lugar a flores novas, as velhas experiências dão lugar a novas. Passamos por muitas experiências de transição, mas a morte nunca é uma parte de qualquer dessas experiências.

Cedo ou tarde, todos no caminho espiritual atingem um ponto em seu desenvolvimento no qual percebem que um estado de consciência é substituído por outro desde o nascimento até a morte; por isso, a experiência que chamamos de morte é apenas outra transição na continuidade da vida. A morte é nossa interpretação do que estamos testemunhando; mas aqueles que captaram um primeiro e pequenino vislumbre de Deus compreendem que Deus é vida eterna, vida sem princípio e sem fim, "pois Ele é a tua vida, a extensão dos teus dias". Esta visão só virá àqueles que se elevarem acima do desejo egoísta de escravizarem a si mesmos e aos outros num cativeiro familiar. A lagarta deve emergir de seu casulo, a fim de se tornar uma borboleta. Tudo e todos passam por fases de transição, mas, através da evolução e do desenvolvimento espiritual, cada um acaba por estar sentado aos pés do Trono de Deus, de regresso à Casa do Pai.

Isso não significa a imortalidade da Alma e a morte do corpo, como é, normalmente, entendido. O corpo irá morrer diariamente: cortamos as unhas e cabelos e eles crescem novamente, a pele envelhece, as células do corpo estão constantemente mudando e, apesar dessas mudanças, a consciência, que é nossa verdadeira identidade, permanece. Nosso treinamento desde a infância nos insuflou a ideia de que o corpo que vemos no espelho ou do qual estamos conscientes é *eu*. Identificamos o corpo como nós mesmos; ao passo que o corpo é um instrumento para nosso uso, assim como um automóvel é um veículo que usamos para nos transportar de um lugar para outro e, em nenhum momento, nos identificamos com ele; somos sempre separados e apartados, ainda que o utilizemos como meio de locomoção. Nem o automóvel nem o corpo são "Eu", porque "Eu" é consciência.

Em um dado momento de nossa experiência devemos renunciar ao nosso conceito de corpo como sendo a soma total do nosso ser, e aceitar a verdade da nossa identidade espiritual como sendo consciência. Chegará um momento em que deixaremos de viver como seres humanos, não significando morrer ou desaparecer para obter nosso estado espiritual. Esta não é a morte do corpo, mas a transição ocorrendo na consciência referida por Paulo como morrer diariamente a fim de renascer no Espírito. Cada dia, conscientemente, devemos nos separar das leis que regem a experiência humana e reconhecer a graça de Deus na percepção consciente de que estamos vivendo no Invisível, sobre Ele e por Ele. Nessa confiança no Invisível morremos diariamente, até que um dia morremos completamente e renascemos no Espírito. A partir desse momento, a vida é vivida em um nível completamente diferente, em que não estamos sujeitos às leis do mundo físico, mas vivendo sob a graça divina.

A transição não é, originalmente, física — é um ato de consciência. A lagarta é transformada pela metamorfose em borboleta e seu estado de consciência abandona seu ser-lagarta e se eleva em seu ser--borboleta. A transformação ocorre na consciência e se exterioriza como forma; quando começamos a entender essa nova e surpreendente ideia, percebemos, então, que este *Eu* que eu sou é permanente e eterno.

No princípio era Deus: a natureza de Deus — Consciência — um estado contínuo de ser eterno, e Ele Se manifesta como você e como eu, mantendo, eternamente, a continuidade de Sua própria existência em Sua forma infinita e individual. Para todo o sempre. Todos aqueles que existiram no início existem agora e os que existem agora existirão para sempre.

O corpo é o templo da vida. Este templo é a própria vida e Espírito formados. Exatamente como o cérebro é o meio pelo qual a inteligência se expressa, assim também é o corpo, a via na qual a vida se manifesta. Pode a vida estar separada de seu templo? A vida é a substância da qual o corpo é formado; portanto, ele é tão indestrutível e eterno quanto ela.

Dentro de mim está a força da vida espiritual que atua do interior para o exterior. Eu não tenho a força da vida: Eu sou a força da vida. Ela constitui o meu verdadeiro ser fluindo numa forma harmoniosa e infinita. A consciência é a lei e a atividade no corpo. Nada pode deter o ser que eu sou, porque eu existo independentemente do que o mundo chama de matéria, confinamento ou encarnação. A natureza do meu ser é eternidade.

A atividade invisível da Verdade, atuando em minha consciência, está me renovando física, mental, moral e financeiramente. Dia após dia, esta Individualidade interior que é meu ser invisível está produzindo todo o necessário para a plenitude da minha experiência terrena.

Eu posso ver o corpo passar da infância à juventude, da juventude à maturidade, da maturidade à meia-idade e da meia-idade à velhice, mas, através de todas as mudanças do corpo, eu permaneço como um observador, "impenetrável, inatingível, ileso, intacto". Aos nove, dezenove ou noventa, estarei observando cada mudança do corpo, cada mudança de expressão. Eu (Deus) jamais me deixará nem me abandonará. Eu não pode me deixar nem me desamparar, porque Eu é "eu" e sempre me governará e protegerá.

O único momento que conheço é este instante. Um minuto passado e um minuto futuro não existem. Para mim, o passado, o presente e o futuro são agora: é este agora em que eu estou vivendo, é agora que eu sempre vivi e é agora que sempre viverei. Não tem propósito e utilidade desejar uma vida daqui a cem ou duzentos anos. O único tempo que eu posso viver é agora; e agora, neste momento, Deus, a única Vida, está Se expressando. Eu não expresso a vida: ela se expressa a Si mesma como meu ser infinito, individual e indestrutível.

"Ainda que eu ande pelo vale da sombra da morte", Tu estás lá. A morte não é aniquilação; é apenas uma sombra que parece morte. Mesmo através do vale da sombra, eu devo estar lá testemunhando a mim mesmo passar por ele, porque o eu nunca pode ser separado do Eu; esse Eu nunca pode morrer.

Capítulo XIII
Não temas

Não temas, pois Eu estou contigo; não fiques desalentado, pois Eu sou o teu Deus: Eu te fortalecerei; Eu te sustentarei com minha mão direita vitoriosa.

Isaias 41:10

Não temas: "Lá permanece... um repouso para o povo de Deus", um descanso das preocupações e ansiedades, do medo e da dúvida. Neste estado de repouso, o poder da graça desce e a presença de Deus flui expressando-se rapidamente como nossa experiência. Recebamos o dom de Deus sem esforço, luta ou tensão. No sossego e na confiança, no descanso da ansiedade e medo, deixemos Deus Se revelar, Se expressar e viver nossas vidas. Que não haja mais "eu" ou "você" separado e apartado do Pai, mas deixemos que o Pai seja a nossa vida.

Na união consciente com Deus, a mente descansa. A mente humana não mais se preocupa com os problemas de hoje ou de amanhã porque a união da alma com Deus — a percepção consciente com Deus — O revela como a plenitude de toda a necessidade, mesmo antes de ela aparecer. A preocupação, o medo e a dúvida desaparecem na plenitude; o verdadeiro significado das palavras "Não temas" é revelado. Na união consciente com Deus, Sua mente funciona como nossa mente, como nossa experiência e como nossa vida. Assim a mente humana descansa e executa sua função correta como uma avenida da consciência.

Esse estado de repouso é uma paz interior que não é alcançada por nada no reino do efeito. Mesmo um pensamento ou uma declaração da verdade é um efeito, e é por isso que usar a mente para repetir frases estereotipadas a respeito de Deus muitas vezes não leva à paz. Não são pensamentos sobre Deus que resultam em oração respondida; pensamentos assim não são o princípio criativo do universo: o próprio Deus é o princípio criativo e Ele é conhecido somente quando a mente humana está em repouso.

Deus é a consciência do ser individual, portanto o infinito é a medida desse ser. Nada lhe pode ser adicionado, nada lhe pode ser tirado. Nenhum bem e nenhum mal podem atingi-lo: você abraça dentro do seu próprio ser a infinitude do bem. "Filho, tu sempre estás comigo e tudo o que Eu tenho é teu." Tudo o que Deus é já está estabelecido no teu interior. Você é aquele ponto da consciência através do qual a natureza infinita de Deus está Se revelando, portanto o bem não pode fluir para você: o bem se expressa a partir de dentro e se derrama sobre todos os que estão conscientes desta verdade. Só é necessário abster-se de se preocupar, abandonando toda ansiedade e medo, permanecendo no silêncio.

"Aquietai-vos e sabei... no sossego e na confiança está a vossa força", sua paz, permanência e segurança — não em abrigos antiaéreos, não em contas bancárias, mas no Seu reino, na Sua paz. Nessa tranquilidade e confiança há descanso, proteção, cuidado, cooperação. No sossego e na confiança, não no medo. Não temas: Eu *estou contigo e* Eu *estarei contigo até o fim do mundo. Solta tuas cargas aos Meus pés; as solta com a certeza de que todo bem está incorporado e ancorado dentro de teu ser.* Eu *nunca te deixarei,* Eu *nunca te abandonarei. Se fizeres tua cama no inferno,* Eu *estarei lá contigo, se andares pelo vale da sombra da morte,* Eu *estarei contigo,* Eu *estarei contigo caminhando em quietude, na confiança e na certeza, apenas caminhando.*

Não há paz; não há descanso para aqueles que estão buscando fora do seu próprio ser, pois o reino de Deus está dentro.

Aceita Meu *reino e permanece em paz.* Aceita Minha *promessa: agora tu és o filho de Deus. Agora tu és* Meu *herdeiro, herdeiro com Cristo, e todas as riquezas celestiais são tuas agora — agora, não amanhã nem ontem. Não há nada a ser alcançado amanhã; não há arrependimentos de ontem: há apenas esta vida agora, este momento de descanso e confiança em* Mim.

Todo o poder é estabelecido dentro de você. Não olhe para o homem cujo fôlego está nas narinas; não ponha a sua fé ou confiança em príncipes, não importa o quão sejam elevados ou poderosos. Não há nenhum poder externo a você e não tema qualquer efeito, nem o que é criado: confie no Criador. A criação deve significar mais para você do que o Criador? Você ama mais o que foi criado do que o Criador? Você teme o que Deus criou? Existe um criador que não seja Deus?

Existe uma outra criação à parte de Deus? "Eis o que encontrei, que Deus criou o homem completo, mas, Ele almejou outras invenções." Não tema o que o homem possa pensar, dizer ou fazer, nem as invenções ou maquinações da mente humana.

O pensamento do homem não é poder. "Porque os meus pensamentos não são os vossos pensamentos... Diz o Senhor." Nunca espere uma bênção ou uma maldição vinda do pensamento do homem. O mal que os homens fazem não se eleva mais que eles mesmos. Todo mal é autodestrutivo, destrói apenas aqueles que o praticam e nunca aqueles a quem é dirigido. É apenas um poder para aqueles que lhe dão poder.

Qualquer coisa que você aceita como um poder à parte de Deus pode prejudicá-lo, mas, por si só, não tem mais poder do que uma sombra sobre uma parede. Se você acredita que pode ser ferido ou que possa ferir alguém, então sofrerá, não a partir do que alguém já lhe fez ou do que você lhe fez, mas a partir da sua crença de que existe um poder separado de sua própria consciência. O mal não vem do outro, mas de você, em virtude de seu desvio da verdade. É importante que você não acredite que o bem ou o mal possam atingi-lo.

Não tema nenhum mau pensamento ou ação que seja direcionada a você ou a qualquer outra pessoa; não tema ninguém e, acima de tudo, não se ressinta nem a odeie, pois estaria amarrando-a a você pelas cadeias repugnantes do ódio. É preciso compreender que o mal só pode atingir aquele que o aceita. Portanto, nunca tema o mal, nunca odeie, nunca se ressinta, mas responda sempre com compaixão.

Sua bondade pode ser "mal interpretada", pode até ser considerada fraqueza; mas não deixe que isso o preocupe. Você não tem responsabilidade e não tem de provar nada. Deixe o mundo se entreter com seus próprios conceitos de Deus e do homem, de religião e de oração. "Abençoe os que o maldizem, faça o bem aos que o odeiam e ore pelos que o usam com segundas intenções e o perseguem." Ore para que despertem, mas nunca os tema ou se magoe com eles.

Nenhum bem pode *vir* até você porque ele já está estabelecido em você, nenhum mal pode perturbá-lo, porque Deus é a medida de seu bem e Ele é a infinitude de sua consciência, a pureza de sua Alma. Nada existe fora de sua própria consciência.

Se não há nenhum mal em sua consciência, não há mal que atue em seu mundo. Como você pode determinar se o mal está ou não atuando em sua consciência? Você aceita ou reconhece a presença ou um poder à parte de Deus? Se o fizer, então o mal existe para você que vê algo para odiar, temer ou se ressentir? Assim você está vendo uma imagem criada dentro de si mesmo. O ódio, o ressentimento e o medo são apenas imaginação, o resultado de uma autoimagem criada, e, portanto, não tem poder, presença ou realidade. Deus é a matéria-prima, a substância e a lei de sua consciência e o mal é apenas uma sugestão ou tentação de aceitar um criador separado Dele. Esta sugestão deve ser trabalhada dentro de você até chegar ao lugar de descanso em que a Palavra de Deus habite em você e você habite nesta consciência da verdade.

Viva na verdade de que Deus é o único poder, e irá descobrir que todas as bênçãos emanam desta verdade mantida na sua consciência. Viva na verdade de que o reino de Deus está estabelecido na terra e que *Eu* estou mais perto do que sua respiração, mãos e pés. Permaneça na verdade de que seu nome está escrito no céu, que você é o Cristo, Filho de Deus, criado à imagem e semelhança do Seu Ser divino, a manifestação de Sua glória. "Eu vim para que tenham vida, e a tenham em abundância."

Sua oração não precisa ser de palavras, de pensamentos ou desejos. Não fique ansioso. O Espírito da Verdade, o Consolador, nunca o deixará, ainda que todas as vias ou canais do bem estiverem fechados. O Consolador é uma atividade de Deus dentro de sua própria consciência. E, como tal, é tanto uma parte integrante do seu ser como é a sua própria integridade, lealdade ou fidelidade. O Consolador está dentro de você; é o "Fique em paz, aquiete-se" a cada tempestade ou perturbação. Abra a porta de sua consciência e deixe que Ele fale; deixe que Ele seja a sua garantia; deixe-O ser o seu suprimento, saúde, a harmonia de sua casa e a paz de sua vida interior.

Viver a vida espiritual significa viver em uma atmosfera de destemor absoluto, independentemente das circunstâncias. "Sê forte e tem bom ânimo, não temas: Porque o Senhor, teu Deus, é aquele que vai contigo; Ele não te deixará, Ele não te abandonará...

sou Eu, não tenham medo." Esta é a maior verdade de cura até hoje revelada à consciência humana. Para os discípulos, uma tempestade ameaçou-os de morte e desastre, mas o Mestre viu apenas outra oportunidade para tranquilizá-los com estas palavras de conforto: "Sou Eu, não temais". Esta mesma confiança fez que Jesus falasse diante de Pilatos dizendo: "Tu não terias nenhum poder contra mim, se não te fosse dado de cima". Foi esse mesmo poder em José que o tornou capaz de dizer aos irmãos: "Não fostes vós que me enviastes para cá, mas Deus; Ele me enviou adiante de vós para vos preservar a vida".

As circunstâncias que o confrontam podem lhe parecer aterrorizantes e um desastre iminente, mas o Cristo diz: "Sou Eu; não temas". Deus tem modos estranhos de trazer-te para Ele. Às vezes, o que parece como desastre e a dissolução daquilo a que você mais se apega, é o meio de despertar em você a vida espiritual.

Nunca olhe para a discórdia temporária como falha, falta de manifestação ou ausência de visão espiritual e compreensão. Não foi falta de visão espiritual que conduziu Moisés e os Hebreus à experiência do deserto, foi Deus que os levou a um sentido maior de bem. Não foi falta de compreensão que enviou Elias para o deserto estando tão faminto que corvos tinham de trazer-lhe alimento: foi Deus provando a Elias que restavam sete mil que não haviam dobrado seus joelhos a Baal e que, mesmo no deserto, ali *Eu* estou no meio de ti e sempre capaz de arrumar uma mesa diante de ti, na presença dos teus inimigos.

Não foi por acaso que Jesus foi levado a uma montanha alta para ser tentado pelo diabo, ou para o deserto sem alimento: foi a maneira de Deus revelar que não estava à procura de manifestações de coisas, que o homem não vive só de pão, mas de toda palavra que procede da boca de Deus. Não foi por acaso que colocou o Mestre na cruz, que encarcerou Pedro e Silas na prisão, que colocou uma víbora na mão de Paulo. Não, estas foram as oportunidades dadas por Deus para provar a ilusão daquilo que o mundo chamava de poder maligno ou mortal.

Nunca olhe para as discórdias e desarmonias de sua vida como se representassem uma falta de compreensão ou de manifestação. Considere essas circunstâncias infelizes como oportunidades que serão dissolvidas quando já não servirem como estímulo para o seu desenvolvimento espiritual.

Tenha coragem de olhar para cada pessoa e circunstância que considera prejudicial ou destrutiva e, no silêncio, enfrente a situação sem medo e descobrirá que elas são imagens de seu próprio pensamento e, portanto, não existe uma causa, competência ou lei para apoiá-las. Reconheça Deus como a Alma de toda pessoa e como a atividade em toda situação.

Não tema o que o pensamento mortal pode considerar ou fazer, uma vez que ele é autodestrutivo. Não tema os pensamentos ou ações do homem cujo fôlego está nas narinas. Você é o templo do Deus vivo e Ele está no Seu santo templo agora. Você é o templo do Deus vivo; seu corpo é o templo do Deus vivo; sua vida, sua alma, sua mente é o lugar onde habita a verdade e, se você permanecer nessa verdade e deixar que essa verdade permaneça em você, nenhum mal chegará à sua morada. Não tema, apoie-se na fé e na confiança no reino de Deus.

Eu *nunca te deixarei nem te abandonarei. Por que toda essa luta? Eu estou bem no meio de ti, mais perto que a respiração, mais perto do que as mãos e os pés. Por que lutar como se tivesse de Me buscar e Me procurar? Por que lutar como se tivesse de se segurar em Mim? Eu nunca vou te deixar; Eu estarei contigo sempre.*

Eu *te darei água.* Eu *te darei, por isso não lutes por ela; não te esforces — apenas aquieta-te. Deixa-*Me *te alimentar. Não tentes viver de pão, pelo menos não só de pão; vivas por cada palavra, cada promessa da Escritura que é cumprida em ti. Como* Eu *estive com Moisés, assim* Eu *estarei contigo. Crê somente e* Eu *te darei do maná escondido que é invisível para o mundo, incompatível com sentido comum e incompreensível ao entendimento humano, escondido nas profundezas do teu próprio ser.* Eu *tenho a carne que o mundo não conhece. Se* Me *pedires,* Eu *te darei água. Abandona tua dependência e fé nas pessoas, circunstâncias e condições. Mergulha dentro de ti, lá está a carne que o mundo não conhece, lá existem fontes de água e o maná escondido: tudo isso está incrustado e incorporado dentro do teu próprio ser.*

Teu Pai celestial sabe que tu precisa dessas coisas; é Sua boa vontade dá-las a ti — não para te fazer lutar por elas, mas para dá-las por meio da graça. Sempre que uma aparência de discórdia pairar no teu horizonte, relaxa, descanse, fica em paz, com a certeza de Minha presença dentro de ti.

Ouve-Me, *a voz pequena e silenciosa dentro de ti:* Eu *nunca te deixarei, nunca te abandonarei; mesmo no vale da sombra da morte* Eu *estarei contigo. Nunca conhecerás a morte, nunca morrerás. Eu te dou a água viva que brota para a vida eterna. Se ouvires a* Minha *voz, a voz silenciosa, se descansares nos braços eternos, se relaxares em* Mim, *se deixares cada palavra* Minha *alimentar-te e ser teu pão da vida e teu cajado, nunca irás morrer.* Meu *Espírito está contigo,* Minha *presença vai adiante de ti;* Eu *irei preparar-te um lugar.*

Pare de temer, pare de duvidar. Descansa em Meu peito, em Meus *braços,* descansa no Meu *amor e fica em paz.* Confia no Eu, *dentro de ti.* Acredita que Eu *posso fazer essas coisas e que há uma Presença no centro de teu ser cuja única função é abençoar, ser uma bênção e o instrumento da* Minha *graça. Confia e crê somente em* Mim. *Não temas.*

Capítulo XIV
O tabernáculo de Deus

Quão amáveis são os teus tabernáculos, SENHOR dos Exércitos... Minha alma está desejosa, e desfalece pelos átrios do Senhor: meu coração e minha carne clamam pelo Deus vivo.

Salmos 84, 1-2

Uma coisa pedi ao Senhor, e a buscarei: que possa morar na casa do Senhor todos os dias da minha vida, para contemplar a formosura do Senhor, e inquirir no seu templo.

Salmos 27, 4

Senhor, quem habitará no seu tabernáculo? Quem habitará no seu lugar santo? Aquele que é limpo de mãos e puro de coração...

Salmos 15, 1; 24, 4

O devoto fervoroso de todas as religiões tem seu lugar sagrado para adoração — um templo, uma mesquita ou igreja — onde pode estar com seu Deus. A estrutura em si, os objetos de devoção no santuário, tudo colabora para elevar a alma a Deus, mas, na realidade, o encontro com Deus, face a face, não depende da adoração num determinado lugar ou à adesão a um ritual prescrito. Esses ritos praticados são apenas símbolos externos de uma busca interna e cada símbolo tem o seu próprio sentido profundo e significativo. Um exemplo dessa busca por Deus repleta de simbologia é a adoração no tabernáculo do Senhor como descrito, nos mínimos detalhes, no Antigo Testamento.

O templo ou tabernáculo hebraico tinha a forma de um paralelogramo, com as laterais viradas para o norte e o sul, e extremidades para o leste e o oeste, e consistia de três partes: o átrio exterior, o lugar santo e o Santo dos Santos.

O pátio era aberto a todos para a adoração. Lá havia um braseiro ardente, que era um grande altar de bronze, localizado perto da entrada, na qual oferendas, trazidas voluntariamente pelo povo, eram queimadas. Entre os braseiros e a porta do templo se elevava uma pia construída de latão, onde os sacerdotes do templo lavavam as mãos e os pés, ao se prepararem para oferecer sacrifícios ou para entrar no templo.

O lugar santo só era acessível aos sacerdotes. Ao norte havia uma mesa de madeira — a mesa do pão da oferta — sobre a qual eram colocados doze pães ázimos divididos em duas pilhas. Esse pão, renovado semanalmente, representava a abundância e a graça de Deus. A expressão "pão da oferta" significa "pão da Presença" e é interpretado por alguns estudiosos da Bíblia como sendo símbolo da presença de Deus. No lado oposto do templo, em frente à mesa do pão, havia um candelabro de ouro: um eixo de metal com três ramos de cada lado, que terminavam em tigelas amendoadas formando recipientes para sete lâmpadas nas quais o azeite de oliva queimava continuamente. Próximo à entrada para o Santo dos Santos, semelhante ao altar de bronze do pátio, havia um altar de ouro no qual o incenso, consagrado para esse fim, era queimado pelo sumo sacerdote de manhã e à noite.

O local mais sagrado em todo o tabernáculo era o do Santo dos Santos, localizado após o lugar santo. Nesse lugar símbolos de maior valor e significado para o ritual eram depositados, e apenas uma vez ao ano os sacerdotes tinham permissão para entrar nesse lugar sagrado. Aqui repousava a arca da aliança, um baú de madeira de acácia revestido de ouro. Aqui, acreditava-se, a própria presença de Deus poderia ser encontrada, privilégio dos que tinham as mãos limpas e coração puro.

Por meio da meditação vamos tentar entender o significado espiritual do simbolismo desse templo de adoração. Começamos no pátio: no altar de bronze, que saudava todos aqueles que entravam, os adoradores entregavam seu sacrifício. Naquele tempo o sacrifício, geralmente, consistia em queimar algum objeto material de valor, provando assim a sinceridade de sua devoção e vontade de desistir de tudo, a fim de alcançar a Deus. O devoto tinha de se livrar de tudo que fosse uma barreira para a sua comunhão com Deus e estar disposto a jogar no fogo abrasador todas as coisas que poderiam impedir seu progresso. Essa prática simbolizava o sacrifício de sentido pessoal, porque ninguém pode se aproximar da presença de

Deus sem primeiro deixar de depositar sua fé e confiança em dependências humanas.

Talvez alguns nunca entrem num templo, igreja ou um lugar sagrado de qualquer tipo; no entanto, se realmente desejamos chegar a Deus, há um sacrifício exigido de todos nós. E qual é o sacrifício exigido de nós neste mundo moderno, se quisermos alcançar o Santo dos Santos? Qual é a barreira que enfrentamos? O que está obstruindo nosso progresso? Não será, acima de tudo, a prática antiga de adorar outros deuses, esquecendo o primeiro mandamento: "Não terás outros deuses além de mim"?

Os deuses que adoramos hoje não são como os ídolos de antigamente. Em vez disso, idolatramos fama, fortuna e posição. Continuamente procuramos satisfação em alguém ou algo, esperando amor e gratidão das pessoas em vez de olhar para Deus como sendo a fonte; ou acreditamos que nosso suprimento depende de investimentos, contas bancárias e emprego. O sacrifício exigido de nós não é oferecido em público, mas no santuário e no íntimo do nosso próprio ser.

Não podemos chegar à presença de Deus sobrecarregados de nossos fardos, a fim de influenciá-Lo para interceder em nossos assuntos humanos; tudo isso deve ser abandonado. Lembremo-nos de que a arca da aliança — Deus — está no outro extremo do templo; mas, antes que possa ser alcançada, toda barreira deve ser removida. Assim, simbolicamente, começamos a fazer o sacrifício lançando no braseiro ardente todas as dependências mundanas. É preciso abandonar nosso sentido mortal e material de riqueza e saúde, sem renunciar a eles. Ao contrário, quando esses conceitos humanos são entregues à completa dependência de Deus, se tornam mais abundantes e harmoniosos.

Não interpretemos mal a natureza do sacrifício, pois não nos é exigido doar ou jogar fora nossos bens pessoais; a crença de que a riqueza material constitui suprimento é que deve ser sacrificada. A menos que essa crença seja descartada, não podemos chegar à percepção de nossa autocompletude em Deus, na qual o suprimento já está estabelecido em nós desde sempre. A falta e limitação são experienciadas apenas à medida que aceitamos o conceito materialista de que o dinheiro é sinônimo ou fonte de suprimento. O inverso é verdadeiro: o suprimento é a fonte do dinheiro, a substância da qual o dinheiro é formado, e a consciência da verdade e do nosso relacionamento com Deus. Uma vez que essa relação, essa consciência da verdadeira identidade, torna-se uma realidade e uma parte integral de nossa consciência, nunca mais sofreremos falta ou limitação, porque essa compreensão é a substância do nosso suprimento.

A mesma sabedoria ou entendimento espiritual que forma a substância de nosso suprimento também é a substância de nossa saúde. O ponto de vista comumente aceito de saúde é aquele de um coração batendo normalmente, um fígado secretando a quantidade adequada de bile, pulmões inalando e exalando ritmicamente, um aparelho digestivo assimilando e eliminando satisfatoriamente, e vários outros órgãos e partes do corpo desempenhando suas funções naturais. Esse conceito de que órgãos e funções saudáveis constituem saúde deve ser sacrificado. A saúde é o reconhecimento de que Deus é fonte de toda atividade e substância de toda forma, e lei na Sua própria criação. Esta sabedoria espiritual aparece *como* saúde.

Os conceitos materiais de saúde e de riqueza são apenas dois entre muitos conceitos errôneos que devem ser sacrificados. Vamos começar de onde estamos neste momento na consciência. No mais íntimo de nossas mentes e corações, nós sabemos quais são as práticas de natureza mortal, material, limitada ou finita, quer se trate de riqueza, saúde, amigos, família, posição social, poder ou fama. Abrimos mão de nossos conceitos humanos aceitando em troca um sentido espiritual mais elevado do ser; sacrificamos o inútil para receber o que é divinamente real. Aqueles que buscam a Deus para seus próprios objetivos perdem o foco: Ele só pode ser alcançado numa rendição completa de todos os desejos, exceto o desejo de se deleitar no Seu amor e graça. Com a seguinte meditação começamos a fazer o sacrifício:

Eu me rendo; eu entrego todo obstáculo material, mortal e humano, tudo o que está entre mim e Deus. Na Tua Presença há plenitude de vida. Eu entrego cada desejo que eu já tive. Eu entrego todos os desejos, exceto um: Tu és tudo o que eu busco. Deixa-me ficar em Tua Presença. Tua graça me basta, não Tua graça e mais a saúde ou riqueza, mas somente a Tua graça. Abro mão de pessoas, lugares, coisas, circunstâncias ou condições — até mesmo minha esperança do céu. Eu entrego cada desejo de reconhecimento, recompensa, gratidão, amor e compreensão. Estou pleno com Tua graça. Se eu puder sentar-me aqui e segurar Tua mão, não pedirei sequer o café da manhã; vou jejuar o resto dos meus dias. Apenas deixa-me segurar Tua mão e jamais terei fome, jamais terei sede; deixa-me somente segurar Tua mão; deixa-me ficar em Tua Presença.

Ao nos livrarmos das dependências humanas e materiais, atirando-as ao braseiro ardente, estamos prontos para a próxima etapa. Próximo do fogo ardente se eleva um grande receptáculo redondo cheio de água. Essa é a pia ou bacia onde é realizado o ritual de purificação. Aqui o adorador tem a oportunidade de se purificar tanto externa quanto internamente. O processo de limpeza na pia, no entanto, não é uma operação física, assim como não o é o lançamento de nosso sacrifício ao fogo. Diante da pia temos a oportunidade de nos limpar interna e externamente. Ninguém precisa nos dizer o que gostaríamos que fosse purificado, pois cada um conhece, melhor do que ninguém, seu próprio interior. Todo processo se resolve em uma limpeza simbólica interna e externa, na qual ocorre uma purificação completa do nosso sentido humano de bem.

O sacrifício e a purificação de valores no sentido humano nos preparam para entrar no lugar santo. Estamos diante da mesa do pão da oferta que é sempre mantido fresco e abundante, não com o objetivo de ser um banquete, mas como sendo a evidência da onipresença do suprimento e de todo o bem. Contemplando essa mesa, surge dentro de nós um reconhecimento silencioso de que, assim como essa oferta está sempre presente no templo sagrado, o pão da vida e tudo o que representa a própria totalidade também estão aqui neste momento. E onde é aqui? É onde eu estou.

Exatamente onde estou, está a oferta, está a onipresença da substância da vida, o sustento, a harmonia e o bem — tudo isso é dom de Deus, onipresente, infinito e substância de toda a vida.

O sacrifício, a purificação e a contemplação da abundância de bens servem como preparação para que a consciência se abra à presença eterna da luz espiritual, representada pelo candelabro de sete braços localizado no lado esquerdo do lugar santo. Os sacerdotes do templo usavam sete lâmpadas porque o número sete expressa completude. Quando estamos na presença deste símbolo da luz espiritual, a luz do Cristo, que nunca se extingue, começa a permear a consciência. Essa total iluminação espiritual impregna nosso ser; seja gradual ou repentinamente, a consciência desperta para a verdade de que, ao estarmos em meditação aqui e agora, também estão a onipresença, toda sabedoria, compreensão e vida espiritual. Se a manifestação dessa completeza espiritual é visível ou não, não importa. A luz de Deus, a completa iluminação espiritual, está totalmente dentro de nós agora, mesmo que não seja aparente. Em meditação, diante desse candelabro iluminado por sete velas, preenchendo-nos com a lembrança de nossa completude em Deus e acreditando que já é, deixamos esta luz se tornar visível.

Passo a passo estamos nos encaminhando ao Santo dos Santos, a própria presença de Deus. Cada ato de consagração nos aproxima de nosso objetivo e só mais uma coisa é necessária — uma prova final de devoção. Assim nos voltamos em ação de graças para o lugar de adoração simbolizado pelo incensário e lá oferecemos nosso louvor e gratidão pelas inúmeras bênçãos de Deus. Nesse lugar sagrado diante da queima do incenso, em frente ao santuário, relembramos nosso progresso desde a entrada no pátio. Tudo que encontramos até agora no templo foi uma revelação daquilo que já está estabelecido dentro de nosso próprio ser. Não estamos buscando ou rezando por nada disso. Louvamos a Deus por nossa autocompletude em forma de gratidão, devoção, veneração e adoração.

Cada rito de consagração desempenha um papel especial em nosso desenvolvimento — o sacrifício interior lançado ao braseiro ardente, a purificação do ser na pia, a contemplação da bondade de Deus diante da mesa do pão da oferenda, o reconhecimento da luz eterna interior, simbolizado pelas velas acesas, e a oferta de ação de graças e louvor no altar de ouro. Se cada um desses ritos for executado fielmente, estaremos exatamente atrás do altar do incenso, diante de um véu semelhante à névoa, que é finalmente retirado revelando a arca da aliança.

Se a nossa meditação for suave e serena, trazendo-nos tal percepção do nosso ser divino de maneira que nossos olhos se abram para a realidade espiritual, contemplaremos o grande mistério: a névoa se dispersa, a cortina é retirada e nos encontramos na presença de Deus. Não há mais trevas mentais ou espirituais, pois a presença de Deus se anuncia lembrando-nos de que:

Eu *estou sempre com você. Eu estava com você quando começou sua busca, mas a névoa diante dos seus olhos turvava sua visão impedindo o de Me ver. Você estava tão confuso com conceitos materialistas, que sua consciência estava nublada. A névoa não poderia ser dispersada até que a causa da neblina tivesse sido removida. Somente então, você poderia encontrar*-Me, ouvir Minha *voz e sentir* Minha *Presença.*

Em qualquer estado ou estágio de consciência o buscador, seja padre ou iniciante, encontra a si mesmo; existe um Caminho para ele — um Caminho que irá levá-lo, em última instância, à própria presença de Deus. Esse caminho pode ser completamente sem precedentes para o indivíduo ou pode tomar uma das formas preestabelecidas de adoração religiosa, tais como: a viagem do pátio externo até o Santo dos Santos no templo hebraico, a oferta de uma flor diante de uma estátua de Buda, uma peregrinação a Meca, um banho no Ganges sagrado, uma meditação *koan* enigmática, um ajoelhar-se na catedral da Santa Comunhão, o beber o vinho simbólico e o comer do pão sagrado.

Seja qual for a simbologia usada, ela é inútil e infrutífera até que o significado interior da forma seja discernido. A meditação como esta, na qual estamos realmente comprometidos, reveste o símbolo de vida e realidade. Os atos de sacrifício, purificação e devoção devem ser realizados por todo aspirante, não como um cerimonial exigido por alguma regra exterior, mas como o comando do coração. Somente quando o coração se rende e a Alma presta homenagem a Deus, podemos entrar na Presença.

Ninguém pode entrar na Presença exceto em santidade. Só os sacerdotes mais idosos eram considerados suficientemente dignos de adentrar o Santo dos Santos, mas hoje, em nossa iluminação, qualquer homem ou mulher espiritualizada, que tenha um entendimento de sua verdadeira identidade, é um sacerdote e pode encontrar o Caminho para o santuário interior. Todo aquele que atinge um pouco da consciência de Deus se torna um sacerdote e, não só serve a Deus, como também é mantido por Ele. O pão divino da vida o alimenta; o manto invisível o supre; e a luz da verdade o ilumina tornando-o a luz do mundo, o caminho através do qual a sabedoria espiritual, o amor, a vida e a verdade fluem a todos aqueles que não conhecem a fonte do seu próprio bem.

> Tu me mostras o caminho da vida: na Tua presença há plenitude de alegria; à tua mão direita há delícias perpetuamente.
>
> Salmos 16, 11

Capítulo XV
A beleza da santidade

Dai ao Senhor a glória devida ao seu nome; Adorai ao Senhor na beleza da santidade.

Salmos 96, 8-9

Eis que os céus e os céus dos céus são do Senhor teu Deus, a terra e tudo o que nela há.

Deuteronômio 10,14

Os céus declaram a glória de Deus e o firmamento anuncia a obra das suas mãos.

Salmos 19, 1

A meditação não é um fim em si mesmo. O que estamos buscando é a percepção consciente da presença de Deus, mas nessa percepção, antes da experiência da plena e completa iluminação, podem haver dois de nós: Deus e eu. Não queremos Deus *e eu:* queremos *somente* Deus. Esse é o último passo no Caminho espiritual.

Deus não se dá a conhecer pelos cinco sentidos. No entanto, um modo de diminuir o imensurável espaço entre materialidade e espiritualidade é deixarmos o pensamento se desviar dos cuidados e problemas do mundo e se concentrar na obra de Deus. Ao nosso redor há sempre algum objeto bonito: um quadro, uma escultura, uma planta, um lago, uma montanha ou uma árvore. Contemplamos uma dessas coisas na meditação, imaginando Deus, o Invisível, Se expressando através da natureza ou através da mente de um artista ou artesão.

A presença e o poder do Invisível é o que se manifesta para nós como visível, um inseparável do outro. Por menor que seja nosso entendimento de Deus, conseguimos distinguir, até certo ponto, a vida, o amor e a alegria de Deus incorporados no homem e no universo. Nessa compreensão nossa vida e amor se expandem e se tornam mais puros, alegres e livres, levando-nos a uma dimensão mais elevada de vida. Começamos a viver menos no mundo do efeito e mais no mundo da causa, descobrindo nosso bem na Causa de tudo o que existe, e não no efeito — coisas, pessoas ou lugares. Quanto mais compreendemos a Causa, ou seja, Deus, maior é nosso prazer em todas as pessoas e coisas.

Somente ao penetrar no reino do Invisível, o mais alto nível — a quarta dimensão da vida — começamos a perceber a atividade da lei do amor. Para entrar nessa dimensão, incompreensível pelos cinco sentidos físicos, visualizamos as forças invisíveis da natureza agindo para manifestar formas como plantas e flores. Com os olhos parcialmente fechados, contemplemos uma planta, suas folhas, seus brotos, suas flores: o milagre da atividade invisível transforma em flor uma semente seca com um punhado de terra e um pouco de água! A vida invisível, atuando através da umidade da terra, toca a semente, abre-a fazendo que pequenos brotos criem raiz. Essa mesma força invisível extrai dos elementos da terra a substância necessária para desenvolver esses brotos num sistema de raiz que, finalmente, surge do solo como planta. Que assombro, que maravilha, que milagre está Se desdobrando diante de nossos olhos, de maneira secreta, inexplicável! Somente Deus, o Infinito Invisível, pode produzir tal beleza e graça.

Tudo que é visível é a forma e a atividade daquilo que é invisível; é a forma daquilo que o causou e lhe deu vida e beleza. Pelo fato de a forma ser inseparável e indivisível de sua fonte, ela se torna eterna. Reconhecer e compreender a fonte dos símbolos exteriores da criação é amá-los e apreciá-los intensamente. A atividade da natureza não é algo separado da planta, pois sua vida invisível se traduz como cor, graça e beleza.

Da mesma forma, a alma, a mente e a habilidade do artista se unem num pedaço de pedra ou marfim formando uma obra de arte na qual as qualidades dele são inseparáveis da figura criada. Sobre a mesa, diante de nós, há uma pequena representação de Buda em marfim. Visualizemos o artista sentado em frente da peça de marfim, cuidadosamente selecionada pela sua beleza e pureza de cor. Você pode imaginar quão amorosamente ele acariciou essa massa inerte enquanto a criação tomava forma em sua mente? Consegue ver além do próprio homem e distinguir a beleza da alma, a pureza da mente, a inteligência divina que guiou e deu habilidade a seus dedos? Lembre-se de que ele não estava esculpindo a figura de um homem qualquer: o Buda representa a iluminação, um estado de consciência divina, que aqui no Ocidente é chamada de Espírito de Deus no homem, o Cristo ou Filho espiritual. Na mente do artista está o desejo de compartilhar sua concepção desse Espírito de Deus. Compreender o amor do escultor pelo seu trabalho desperta em nós um profundo apreço pelo tema e pela arte expressos nessa figura.

Exatamente como o artista se expressou nessa figura pequena ou como a natureza se expressa em forma de uma bela flor, assim nós vivemos pela graça da Presença e Poder invisíveis que estão sempre se manifestando através da criação. Nesta forma de meditação, não apenas apreciamos um bonito pôr do Sol, montanhas elevadas ou céu estrelado; vemos muito mais: o amor, a habilidade e a totalidade do Invisível se manifestando como obra de Deus. A atividade incessante do Amor divino garante a continuidade dessa magnífica criação chamada homem e universo.

Manifestando-se como fenômeno natural ou qualquer outra forma de beleza, a meditação na atividade de Deus irá nos ensinar a ver o homem na sua origem divina, sem levar em conta seus fracassos ou sucessos. Deus manifesta a Si e Suas próprias características, como cada homem, mulher e criança. Todas as forças do Invisível se unem para formar a expressão visível da inteligência, do amor à vida e da alegria. A força invisível por trás das pessoas, bem como a causa invisível por trás das plantas ou das obras de arte não são perceptíveis pelos sentidos, pois somente enxergando o Invisível através do visível a essência é percebida.

À luz de tal percepção, cada indivíduo é reconhecido como uma expressão do infinito Ser divino derramando-Se em manifestação. Crítica e condenação se transformam em profundo amor por este universo e seu povo, dando lugar à compaixão por aqueles que não conhecem sua verdadeira identidade ou por aqueles a quem consideramos perversos.

Só podemos compreender a natureza do ser individual compreendendo a natureza de Deus. Pensando em nós, bem como nos outros, devemos enxergar interiormente a natureza e atividade de Deus, o Princípio criador que nos manifestou. Ele Se encarnou como a própria mente, alma, substância e vida do nosso ser e, até mesmo, nosso corpo. O Verbo se fez carne como você e como eu.

A meditação deve sempre ter Deus como sujeito e objeto, por serem um, não dois. Isso deve nos levar para além da vida tridimensional — do visível para o invisível — conhecida como a quarta dimensão. Viver num mundo tridimensional é viver apenas no mundo da altura, largura e profundidade; em outras palavras, viver no mundo da forma, completamente separado da essência daquilo que aparece exteriormente. Na quarta dimensão, onde Deus é a causa, a substância e a realidade da vida, todo o efeito, seja coisa ou pessoa, é revelado como manifestação do Ser infinito, Deus.

Todo ser e toda forma individual, quer seja animal, vegetal ou mineral, é Deus invisível, derramando-Se em expressão, incorporando Suas infinitas características, natureza e caráter. Toda a terra e sua plenitude são do Senhor: Deus aparecendo como universo e como homem. Tudo isso é imortal; tudo isso é eterno; tudo isso é nosso. "Filho, tudo o que Eu tenho é teu; *Eu* estou sempre contigo. Eu e meu Pai somos um." Como podemos ser separados de Deus? "Quem me vê, vê o Pai que me enviou." Pode o amor de um artista ser separado do amor que o criou? Contemplando a figura de marfim e o estado de consciência que a transformou: como pode a grandiosidade ou esplendor da invisível força da vida da natureza estar separada de sua forma? Olhamos uma planta, contemplamos a divina força da vida que a formou: elas são unas, inseparáveis e indivisíveis. No mundo da quarta dimensão, causa e efeito, sujeito e objeto são um só.

Aos poucos, vamos cada vez mais fundo até que nos descobrimos centrados em Deus. Não pensamos mais: pensamentos são pensados *por* nós, ideias são cristalizadas *através* de nós, revelações da Alma tornam-se evidentes à nossa consciência. Assim, encontramos Deus Se revelando, proferindo a Palavra rápida, nítida e mais poderosa que uma espada de dois gumes: a Palavra de Deus separando o Mar Vermelho quando necessário, criando a nuvem de dia e a coluna de fogo à noite — milagres em nossa experiência. Esta meditação é uma revelação do Invisível Infinito Se declarando dentro do nosso próprio ser.

Meditação é a arte da apreciação divina, mediante a qual aprendemos a avaliar corretamente o homem, suas conquistas e o universo. Ela aumenta nossa apreciação das formas exteriores porque nos dá uma compreensão do Amor divino que as criou. Quando entendemos a Mente e a Alma que criam toda forma de bem, conseguimos apreciar melhor o bem em si. Quando conhecemos o autor de um livro, ele se torna mais significativo, da mesma forma que uma música se torna mais agradável quando conhecemos seu compositor. Se pudéssemos conhecer a Deus, saboreando ou tocando uma gota Dele, a criação surgiria em toda sua maravilha e glória. A meditação desenvolve a percepção que nos transporta do objeto ao seu princípio criativo e, consequentemente, o mundo se revela como realmente é.

Uma nova dimensão da vida irá Se desdobrar através da meditação. Não mais estaremos limitados ao tempo, espaço, altura, largura ou profundidade, porque instantaneamente a mente irá saltar da terceira para a quarta dimensão, que é sua origem, causa e fonte. Nessa dimensão maior, não somos dependentes das aparências, sejam pessoas, lugares ou coisas: não há como amá-las, odiá-las ou temê-las, porque se olharmos através delas perceberemos, rapidamente, que a fonte é Deus.

Quando ouvirmos as palavras "Eu nunca te deixarei, nem te abandonarei", lembremo-nos da pequena figura de marfim: o amor, a arte, a habilidade e a devoção do artista nunca podem ser retiradas dessa figura. Assim é conosco. Aquilo que nos formou nunca nos deixará nem nos abandonará. Sua essência é nosso próprio ser.

Um modo de ativar as faculdades da alma e compreender a mais alta sabedoria é meditar na obra de Deus. É preciso aprender a admirar não apenas o pôr do Sol, as belezas da natureza, mas olhar além delas e vislumbrar aquilo que as expressou. Assim haverá beleza e harmonia permanentemente, pois a Essência divina e perfeita estará sempre se renovando. Se tentamos ver a perfeição na forma, a perdemos. Os cinco sentidos veem e admiram a forma, enquanto o sentido espiritual vê a substância e a realidade ocultas da forma, que é sempre perfeita, completa e total.

O objetivo do nosso trabalho é nos elevarmos à compreensão divina onde vemos Deus aparecendo em toda Sua glória — não na glória do homem, mas na Glória de Deus como a do homem — manifestando a infinita perfeição da obra de Deus. Somos elevados a um estado de iluminação divina no qual contemplamos Seu mundo já perfeito e completo, Deus Se manifestando em toda a Sua glória. "Os céus declaram a glória de Deus", e a terra manifesta Sua obra. E então "minha meditação é doce e sou feliz no Senhor".

Parte três

Meditação: Os frutos

Capítulo XVI
Os frutos do espírito

Chega um momento na vida de todo aquele que busca Deus em que, de um jeito ou de outro, ele sente a Presença, torna-se consciente Dela e de um verdadeiro Poder e Presença transcendentais. Nesse momento, ele desiste de ler ou dar atenção àqueles que falam sobre as experiências que tiveram com Deus. Não sabemos de que forma essa experiência acontece, pois a cada um chega de maneira diferente; mas uma coisa é certa: quando ela chega e o Espírito do Senhor como uma Presença consciente é percebido, "ocorre a libertação" — libertação dos pensamentos e coisas deste mundo: medos, dúvidas, preocupações e problemas. No exato momento em que o Espírito do Senhor toca uma pessoa, ela é transformada e começa a entender o significado do "nascer de novo". Sente uma diferença dentro de si e sabe que já não é a mesma pessoa. O grau de transformação pode não ser visível de imediato, mas, pouco a pouco, se torna evidente.

Em algumas ocasiões, bem no início, pode aparecer de forma negativa. Frequentemente as perdas precedem o ganho: "Quem achar a sua vida, perdê-la-á e aquele que perder sua vida por amor de Mim encontrá-la-á". Este sentido de vida deve ser sacrificado para que seu sentido espiritual possa ser adquirido. Antes que a percepção plena e completa dessa nova vida ocorra, a ruptura das velhas formas pode surgir como problemas de algum tipo, sejam econômicos, emocionais ou físicos. Há a sensação de perder, desistir ou sacrificar algo, mas isso não é verdade e, uma vez que o Espírito do Senhor realmente nos toca, não somos mais perturbados ou afetados pelas aparências externas, porque as reconhecemos como parte da experiência de transição.

Os primeiros mártires cristãos, que se voltaram dos deuses pagãos ao Deus único, não pensaram no sentido humano da vida. A perseguição que foram forçados a suportar não era nada em comparação com o cumprimento da missão espiritual. Para um observador, não fazia sentido que homens justos fossem apedrejados, jogados aos leões ou queimados na estaca. Do ponto de vista humano, isso nunca fará sentido, mas quando somos tocados pelo Espírito do Senhor entendemos que, na realidade, nada é abandonado, perdido ou sacrificado. Para os que não entendem é martírio, mas para os que são iluminados espiritualmente, nada mais é do que o cumprimento do seu destino e experiência espiritual, e o benefício compensa aquilo que, aos olhos do mundo, é perdido.

Hoje, a atitude do homem do mundo é semelhante à dos pagãos de dezenove séculos atrás: olha com espanto e assombro quem escolheu, deliberadamente, dedicar seu tempo e dinheiro ao desenvolvimento de sua natureza espiritual, ao invés de buscar o prazer, a fama e a fortuna — os deuses deste mundo. Aos olhos do materialista, tal escolha é semelhante ao sacrifício dos mártires cristãos; mas, para aquele que já vislumbrou a natureza do caminho espiritual e, mais especialmente, quem experimentou o Cristo, o ganho compensa mais do que a perda.

Nesta vida tudo são altos e baixos — como montanhas e vales: há dias em que, olhando para o mundo do alto de uma colina, tudo é gentil e amável; mas de repente caímos no vale. Há outros dias em que subimos ao topo da montanha mais alta, e em seguida caímos em desânimo e desespero. Esses períodos não têm nenhum significado especial nem importância real — são parte do ciclo rítmico da vida humana. As experiências do vale não são mais que a preparação para as experiências da montanha, pois há sempre um vale entre duas montanhas: não há como escalar a próxima montanha sem primeiro passar pelo vale que as separa. Em termos bíblicos, nenhum homem pode encontrar sua vida a menos que a perca. É no vale que se solta o fardo do ser humano com seus desejos, necessidades e sonhos. Assim desimpedido, é livre para subir a próxima e mais alta montanha, e, à medida que a viagem continua, as experiências da montanha serão mais duradouras enquanto que as do vale diminuirão. Isso vai continuar ano após ano, até alcançar um ponto de transição onde as alturas se tornem sua morada permanente.

Hoje pode ser o dia da transição para nós. Se nos lembrarmos deste dia como o momento em que tomamos a decisão de esquecer "as coisas que ficam para trás e aspirar às que estão à frente, prosseguindo para o alvo — o prêmio mais alto do chamado de Deus em Cristo Jesus", depois de algum tempo temos de admitir que uma transformação em nossa vida está em andamento. O sentido humano de vida nunca mais nos tocará tão profundamente: nunca mais seremos capazes de odiar ou amar tão intensamente como antes; nem mais nos entristecemos nem nos alegramos com a mesma intensidade humana. A profundidade da nossa visão manifestará mais luz, mais espiritualidade, sabedoria e orientação, de modo que cada dia será de discernimento mais profundo, a substância de uma vida maior na presença de Deus do que a do dia anterior. Este trabalho servirá como base sobre a qual podemos construir o templo do nosso corpo e lar, o templo de nossa experiência individual — um templo não feito por mãos, mas eterno nos céus.

Nesse trabalho estamos no exato lugar da consciência, onde o Cristo deve ser experimentado. Durante anos temos falado e ouvido sobre a beleza do Cristo, o poder e a influência de cura do Cristo — esse Espírito do Senhor dentro de nós. Muitos já foram abençoados por intermédio da percepção de alguma pessoa que atingiu esse Espírito de Deus. Chega o momento em que não mais dependemos de ouvir sobre a iluminação de outras pessoas. Devemos ter a nossa própria experiência, para que possamos estar neste mundo, mas não pertencer a ele, andar neste mundo e não ser parte dele, entrando e saindo das discórdias e desarmonias, bem como prazeres e harmonias e, através de tudo, manter a nossa integridade espiritual. Não precisamos mais *fazer* coisa alguma, *saber* ou *entender* nada. Há uma libertação da responsabilidade pessoal. Descansamos no silêncio e na quietude ao perceber que, onde está o Espírito do Senhor, aí há libertação. Sejamos espectadores contemplando Deus em ação em Seu universo, reconhecendo o Ser transcendental que executa Seu trabalho por intermédio de nossa consciência.

Apesar de terem uma experiência de Deus, algumas pessoas não sofrem nenhuma transformação exterior: por não conhecerem o significado da experiência, por não saberem como foi atingida ou como mantê-la, vivem apenas da sua lembrança. Mas os alunos que dedicaram sua vida ao estudo da sabedoria espiritual e prática da meditação descobrem que, quando a experiência de Deus vem, não há por que ficarem perplexos, pois entendem seu significado. Embora seja aceita com alegria e como evidência da graça, sabem que foi atingida pelo dispêndio de muito tempo e esforço. Portanto, não vivem de lembranças desgastadas, pois, como a receptividade aumenta com a contínua meditação, a experiência de Deus se torna mais frequente, até chegar o dia em que poderá ser alcançada à vontade.

Essa Presença e Poder espirituais — esse Cristo — que assume as funções da vida para nós, é invisível, mas, nem por isso, menos real por toda Sua invisibilidade. Ele assume as funções do corpo, de modo que não é mais necessário nos preocuparmos com as atividades corporais. Esse Espírito interior — o Cristo — desempenha o que é dado ao nosso corpo fazer. Gradualmente, como o Cristo vive a nossa vida, a consciência de um corpo físico ou qualquer atividade corporal como tal é eliminada. Se fosse necessário nos preocuparmos com a circulação ou digestão, estaríamos vivendo por meios humanos, ao invés de vivermos "por toda palavra que procede da boca de Deus". A atividade do corpo sem o comando do pensamento, sem qualquer conhecimento concreto da atividade da corrente sanguínea ou do sistema digestivo, é, de fato, uma evidência direta do Cristo em ação.

Ao reconhecermos que a saúde é de Deus, não existe minha saúde nem sua saúde; se aceitarmos isso literalmente, veremos milagres acontecerem. O bem não é pessoal, seja saúde ou riqueza. A saúde é realmente qualidade, atividade, essência e substância de Deus. Falar da *minha* saúde e da *sua* saúde indicaria que ela poderia ser boa ou má. No modo de vida espiritual, isso é uma impossibilidade absoluta, pois há apenas uma saúde e esta é Deus.

Com Deus como saúde — e Deus "é a saúde de meu semblante" —, a saúde é infinita, não por ser a *nossa* saúde, mas por ser a saúde de Deus. Assim que aprendemos a renunciar ao sentido de posse pessoal, como indicado pelas palavras "eu", "mim", "meu", começamos a descobrir o verdadeiro significado da vida espiritual — o viver impessoal, universal e harmonioso. Deus manifesta Sua harmonia por intermédio do nosso ser. Cada fase da harmonia, seja de bondade ou de boa saúde, é uma característica, uma atividade e uma lei de Deus. Quando reconhecemos Deus como a essência de todo o bem, tornamo-nos instrumentos para a expressão de um sentimento universal do bem.

    Com o sentido espiritual de saúde, chega-se à descoberta de que ela não depende da digestão, da eliminação ou do funcionamento de qualquer órgão do corpo. A saúde depende só de Deus; é uma característica e uma atividade Dele. Tudo que é necessário ao funcionamento do corpo é realizado como uma atividade de Deus. Lembremo-nos disso em relação a todo alimento que comemos: "A comida que eu como não tem nenhum valor nutritivo, substância nem energia para sustentar ou manter a vida; mas eu — minha Alma, minha consciência — concedo-lhe sua substância, valor e nutrição". Se fizermos disso uma percepção consciente, veremos que o alimento terá um efeito completamente diferente sobre nosso corpo do que havia tido até agora. "Ele cumprirá o que me é dado fazer" e, portanto, a atividade do corpo é mantida por *Aquele* que está dentro de nós. Não temos de nos preocupar com isso. Ele desempenhará aquilo que nos concerne. Sejamos espectadores de Deus aparecendo como nossa saúde, nossa riqueza, nossa força e nossa vida.

    Assim é com todas as fases da experiência humana. Se há um sentido de justiça sobre a vida — se as palavras certas são ditas no momento certo, se os atos corretos são realizados no momento adequado, se a harmonia prevalece — então, sentimos, vemos e reconhecemos que tudo é o resultado direto da atividade do Cristo. Não fazemos nada; não nos preocupamos:

Ele, o Cristo, faz tudo, mesmo antes de termos a menor consciência do que está acontecendo. Ele, o Cristo, é a atividade do corpo, do recurso financeiro e das nossas relações com os outros. A Presença vai adiante de nós endireitando os caminhos tortuosos e preparando um lugar para nós. Ela faz tudo, permitindo que vivamos neste plano de existência como testemunhas — observadores.

Há inúmeras passagens bíblicas que revelam a importância de "esperar no Senhor", de ser espectador da vida. Isso não significa sentarmo-nos sem fazer nada. Ao contrário, quanto mais se espera no Senhor, quanto mais se observa Deus operando em nós, por intermédio de nós e como nós, mais ativo Ele se torna.

Se somos espectadores, faremos as coisas que requerem a nossa atenção e que se encontram mais à mão. Se temos uma casa para cuidar, cuidaremos dela; se nos é confiada uma empresa para gerenciar, assim o faremos; se temos chamadas para fazer, faremos; mas, enquanto estamos ocupados nessas atividades, é com a atitude: "Eu espero no Senhor, contemplo o que o Pai me dá a fazer". Permaneçamos num estado tal de receptividade, prontos a alterar qualquer plano que possamos ter feito, a fim de seguir o plano divino.

Cada dia em nossa vida temos funções e obrigações a cumprir. Aquilo que nos é dado fazer deve ser realizado, mas, ao sermos espectadores, descobrimos que há uma direção divina, um poder divino a nos guiar. Este é o estado de consciência atingido por Paulo: "Eu vivo, não mais eu, o Cristo vive em mim". É como se

Paulo saísse de cena e dissesse: "O Cristo está em ação, está agindo em mim, através de mim e como eu. Ele vive minha vida por mim". Essa é a atitude que mantemos como espectadores, quase como se estivéssemos dizendo: "Eu, definitivamente, não estou vivendo a minha vida. Estou observando o Pai viver Sua vida por intermédio de mim".

Essa é a maneira ideal de viver; esta é a forma espiritual de vida, a maneira em que nós nos deparamos com o menor número de obstáculos, a menor oposição, o menor número de mal-entendidos. Há sempre uma Presença, o Infinito Invisível, que vai adiante de nós endireitando os caminhos tortuosos e aperfeiçoando cada detalhe de nossa experiência. Somente quando "eu" faço, digo e penso é que o resultado pode dar errado. Toda nossa experiência de frustração vem de nossa relutância em esperar o tempo necessário para que Ele assuma.

A maioria não está disposta a esperar até o momento no qual uma decisão é necessária; insiste em saber a resposta com antecedência, no dia, na semana ou no mês anterior. Quer saber o que acontecerá em seguida; quer saber hoje o que vai acontecer na próxima semana, no próximo mês ou no próximo ano, em vez de esperar até o momento, quando a decisão for necessária, e então permitir que Deus coloque as palavras na sua boca e revele quais medidas devem ser tomadas. O maná cai dia após dia e, dia após dia, nos são dadas sabedoria, orientação e direção necessárias. Deus não costuma aconselhar-nos com uma semana de antecedência;

recebemos a direção quando a necessitamos. Adquirimos o hábito de nos tornar impacientes e o resultado é que, em vez de esperar que se manifeste a decisão de Deus, deixamos que o temor tome conta e, então assustados pelos efeitos possivelmente negativos da indecisão, nos precipitamos e agimos baseados em nosso melhor julgamento humano.

Na vida espiritual não dependemos de nossa correta avaliação humana das situações. Independentemente de quão bom nossos julgamentos possam parecer, voltamo-nos ao Pai: "Pai, mostra-me quando agir; mostra-me se devo ou não dar o próximo passo e quando devo dá-lo". Com paciência e prática, desenvolvemos a consciência de um observador, de esperar no Senhor, que nos leva ao milagre da vida, na qual não só descobrimos que há um Deus, mas que Ele tornou-se o governante em nossa vida: Ele assumiu a nossa experiência. Impedimos a atividade e atuação de Deus em nossos assuntos por não esperar, por não sermos espectadores, por não sairmos de cena até sentir que o Pai está no controle. Se fizéssemos isso, descobriríamos o milagre de uma Presença divina indo adiante de nós renovando todas as coisas. Quando *nós* tomamos uma decisão, muitas vezes encontramos obstáculos intransponíveis no caminho; mas quando *Deus* toma a decisão, Ele nos precede e remove todos eles. Tudo que é necessário para facilitar a tarefa é providenciado.

Vamos praticar diariamente a atitude de sermos espectadores:

Pai, este é o Seu dia, o dia que Tu fizeste. Eu serei feliz e me alegrarei nele. Revela-me o trabalho deste dia; mostra-me Tuas decisões, não as minhas, mas as Tuas. Que unicamente Tua vontade seja o princípio motivador e ativador da minha vida.

Criemos o hábito de esperar até o último instante antes de tomar uma decisão; ainda que seja um minuto mais tarde do que o necessário, vamos esperar e esperar. Sejamos pacientes, muito pacientes. A resposta virá, e uma vez que tivermos essa experiência seremos testemunhas do milagre de ver Deus operando em nossos assuntos. Quando essa consciência tornar-se uma experiência real, nunca mais ficaremos sem Sua orientação, porque teremos descoberto que Ele responde e assume. O Salmo 23 afirma que habitaremos na casa do Senhor todos os dias da nossa vida — *todos* os dias: para todo o sempre habitarei no reconhecimento da sabedoria e governo de Deus. Uma vez que tivermos a nítida sensação de sermos guiados por Cristo, de sermos impelidos por Ele a agir, qualquer decisão nos satisfará apenas quando recorrermos à orientação espiritual.

Muitas pessoas bem-sucedidas testemunham a importância dos períodos de silêncio, nos quais se valem de seus recursos internos por inspiração e direção. Descobriram que organizar o dia, disponibilizando intervalos curtos, porém frequentes, de descanso e relaxamento dos cuidados do mundo, se liberam de uma sensação de pressão, reabastecem suas reservas e seguem em frente com renovado vigor e interesse. Há um limite para o que a mente e o corpo humano podem realizar em vinte e quatro horas. A pessoa no caminho espiritual, que aprendeu a abrir-se à atividade de Cristo através da meditação, não conhece nenhuma limitação, pois não há limite para o que *o Cristo* pode realizar através de um ser humano em vinte e quatro horas. Ele não mede Sua atividade em termos de capacidade individual; Ele opera através de Sua capacidade para a qual somos apenas instrumentos.

Não há nada das profundezas do nosso próprio ser interior que não possa ser trazido à luz, pois Deus é a mente do homem individual. Todos nós contamos com a plena capacidade da Divindade e, na medida da quietude e tranquilidade do pensamento, da mente racional, o fluxo infinito se expressa. Tanto a mente quanto o corpo são instrumentos de Deus, e, assim como usamos o braço e a mão para a escrita, Deus usa nossa mente e corpo para tornar-Se visível e tangível na experiência humana, evidenciando Sua harmonia. Qualquer inspiração recebida de Deus traz consigo plenitude. Por exemplo, se um inventor percebe que seu trabalho é atividade de Deus, tudo o que é necessário para o cumprimento da ideia incorporada em sua invenção estará disponível: o financiamento, a publicidade, a compra e a venda. Isso vale para qualquer ideia criada por Deus: a fonte de inspiração de uma ideia é a mesma atividade que a torna possível de realização.

Dificilmente alguém conseguiria seguir a instrução em meditação conforme estabelecido neste livro, durante algum tempo, sem observar uma mudança radical de natureza espiritual. A partir do momento em que nos afastamos das dependências materiais e buscamos uma forma de vida invisível e humanamente desconhecida, é inevitável que essa mudança irá acontecer. "Os frutos do Espírito são amor, alegria, paz, resignação, docilidade, fé, mansidão, temperança: contra essas coisas não há lei." Esses frutos não chegam para aqueles que ainda não aprenderam a valorizar o Cristo, Sua presença, poder e soberania. Os anos de consagração e devoção em que se deixou tudo por Cristo devem preceder a colheita desses frutos, e daí em diante não mais estaremos sozinhos e nunca mais teremos medo. Mesmo se andarmos pelo vale da sombra da morte, a Presença estará conosco. Descansaremos no centro do nosso ser enquanto as tempestades passam por cima. Somos espectadores de Deus, guiando, mantendo e sustentando a Si mesmo; Deus Se realizando como ser individual. Então, "O veremos como Ele é" surgindo na forma de integridade, abundância, harmonia, paz e alegria de nossa experiência.

Capítulo XVII
Iluminação, comunhão e união

A meditação nos leva à iluminação, que primeiro se torna comunhão com Deus e, finalmente, união. A iluminação é uma experiência individual. Não está relacionada de nenhum modo com a observação externa ou alguma forma de adoração; depende, exclusivamente, da consciência de nosso relacionamento com Deus. É uma experiência única que acontece no interior de todos, separados e além de todos os demais. Não pode ser compartilhada — com esposa, esposo, filho ou amigo de confiança — e não é possível buscá-la com outra pessoa. É necessário nos recolhermos no nosso santuário interior e aí descobrir nossa experiência de Deus. De certo modo é possível compartilhar nossa revelação com outros que já estejam iluminados ou que estejam no caminho da iluminação, sem jamais nos esquecermos de que a experiência de Deus é individual. Se nos ocorresse no meio de uma multidão, mesmo assim seria uma experiência solitária. Não pode haver parceiros nesta experiência, mas podemos compartilhar a verdade revelada que pode conduzir outros a experimentá-la, e, se tivermos um grau suficiente de iluminação, podemos ajudá-los a elevar-se ao ponto onde também possam experimentar Deus. Mas, daí em diante, não podemos ir, uma vez que a experiência em si deve ocorrer dentro deles.

Ninguém deve tentar ensinar ou compartilhar a verdade que lhe foi revelada, até que a tenha estabelecido dentro de sua própria consciência, e tenha, portanto, adquirido um pouco de luz. Depois disso saberá como, quando, onde e sob que circunstâncias deveria compartilhar esta revelação. Deus lhe revelará o papel e a forma em que deverá atuar.

A iluminação é possível a todo indivíduo na proporção da intensidade de seu desejo por ela; mas enquanto está se esforçando para fazer contato com Deus, faria bem em manter essa primeira faísca escondida do mundo, até que se transformasse numa chama. Após os primeiros vislumbres de iluminação, o estudante sábio mantém esse Cristo recém-nascido bem dentro de seu peito, escondido do mundo. Em sentido figurado, ele desce ao Egito para esconder o Cristo-Criança, não fala Dele e de nenhuma forma revela-O ao mundo, porque o mundo, em sua ignorância e insensatez, pode tentar danificá-Lo e arrancá-Lo, destruindo a própria confiança e certeza em Sua Presença e em Seu Poder. Por esta fé, o mundo o crucificaria sem hesitação, porque sempre procura destruir o Cristo. Desde as primeiras escrituras conhecidas pelo homem ao longo dos séculos, as profecias dizem que, quando quer que o Messias venha, será sacrificado. Há na natureza humana algo que não deseja ser destruído, e este algo sabe que o único Poder que pode aniquilar a maldade, a arrogância e o egoísmo é reconhecer a presença e o poder do Cristo.

É necessário manter segredo. Esta é a única coisa que não nos atrevemos a contar ao mundo, pois no momento em que o mundo perceber em alguma pessoa a pura devoção a Cristo, irá ridicularizá-lo e tentar demovê-lo de suas crenças. O Anticristo ou a sugestão de um eu separado de Deus entra com a sutileza de uma serpente para semear a dúvida e minar a fé. Deve-se, portanto, manter segredo, até que chegue o momento em que a consciência crística se desenvolva a ponto de tornar-se arraigada e alicerçada na consciência como a própria atividade de vida diária. Podemos então enfrentar o mundo e revelá-Lo, não estando preocupados ou afetados por qualquer abuso ou dúvida que o mundo possa lançar sobre nós. Apenas quando estamos apresentando o Cristo ao mundo é que nós mesmos estamos em perigo de perdê-Lo. Mas quando o Cristo assume definitivamente, Ele *Se* apresenta ao mundo em segredo, gentil e tão silenciosamente que ninguém O reconhece ou sabe o que Ele é, apesar de sentir Sua influência.

Após o primeiro vislumbre de iluminação muitas tentações nos rodeiam. Mesmo Jesus enfrentou a tentação de carência, da fama e do poder pessoal. A tudo resistiu e venceu. Estas mesmas tentações aparecem para todos nós, mas, quaisquer que sejam, elas se multiplicam muitas vezes, assim que se obtém certo grau de iluminação espiritual. Quando se alcança maior iluminação, no entanto, essas tentações caem todas até que apenas uma tentação permanece, o narcisismo, a tentação de acreditar que o "eu" de mim próprio pode fazer algo ou ser alguma coisa. Isso também deve, finalmente, dar lugar ao Cristo ressuscitado em nós. Não há limite para a profundidade da Cristicidade. A iluminação leva à comunhão na qual trocas recíprocas ocorrem, algo fluindo de Deus para a nossa consciência, e desta para a consciência de Deus. É a meditação mais profunda do que tem sido experimentado até agora, mas não somos *nós* que a conduzimos — *Deus* é quem a conduz. Não pode vir à tona nem ser forçada por qualquer esforço nosso; podemos, sim, ser pacientes e esperar por isso, e então descobrimos que Ele assume e há um intercâmbio alegre e pacífico no qual sentimos o amor de Deus nos tocando e nosso amor a Deus retornando.

Em comunhão a atividade do Cristo torna-se uma experiência contínua, não percebida apenas em raros intervalos, mas sempre presente. Finalmente, um ponto de transição é alcançado no qual se dá uma mudança radical — já não vivemos mais nossa própria vida; Cristo vive nossa vida por nós e através de nós; tornamo-nos um mero instrumento para essa Atividade divina: já não temos vontade nem desejo próprios; vamos quando e para onde somos enviados; nem mesmo temos suprimento e saúde por nós mesmos. Deus está vivendo Sua vida como nossa vida e assim o manto do Espírito nos envolve. Então, sempre que alguém tocar nossa consciência, tocará o manto de Cristo, e ainda que seja apenas sua bainha, cura e redenção se manifestam. Envoltos neste manto, não é necessário ir a algum lugar para levar a mensagem do

Cristo ao mundo; o mundo chegará até Ela onde quer que estejamos, mas devemos estar revestidos com a consciência do Cristo.

Levar ao máximo a comunhão resulta no relacionamento final que é a união com Deus. Em comunhão, se alcança tal estado elevado de consciência que é possível voltarmo-nos para dentro a qualquer hora do dia ou da noite e sentir a presença do Senhor. É como se Ele estivesse dizendo: "*Eu* caminho ao seu lado". E de novo: "Até aqui, *Eu* tenho caminhado a seu lado, mas agora *Eu* estou em você"; finalmente se ouve: "Até aqui, *Eu* tenho estado dentro de você, mas agora *Eu sou* você — *Eu* penso, *Eu* falo e *Eu* ajo como você; sua consciência e Minha consciência são uma e a mesma, pois agora permanece só Minha Consciência".

Alcançando esse estado, já não há mais comunhão porque já não há *dois*. Há apenas *Um* e este *Um* é Deus Se expressando, Se revelando, Se suprindo. É o casamento místico em que testemunhamos a nós mesmos sendo desposados pelo Cristo, tornando-nos aquilo que Deus juntou na união indissolúvel que existe desde o princípio. "Eu e o Pai somos um" — isto é a união divina. Nesta união mística todas as barreiras se diluem e até mesmo nossas opiniões intelectuais se dissolvem na Sabedoria Universal. Há uma entrega total do ego ao Um universal: tudo que Eu tenho é Teu, minhas mãos, meu corpo. Não tenho mais necessidade de nada nem de ninguém; dentro de mim estão o pão, a água, o vinho. Eu tenho toda a plenitude.

Este é o auge da experiência espiritual. No Cântico de Salomão esta é a experiência descrita quase como se fosse uma história de amor humano, mas definitivamente não é isso. No princípio sempre há os *dois*. É no estado de comunhão que dois se amam, o Pai e o Filho. Jesus disse: "Como o Pai Me amou, assim Eu te amei". Nesse relacionamento de comunhão sentimos nosso amor fluindo para Deus e o amor de Deus fluindo até nós, semelhante ao amor materno envolvendo o filho amado.

Tudo termina em união; quando ocorre, já não existe mais um "eu". Há apenas Deus, e ao contemplarmos o mundo vemos apenas o que Deus vê, sentimos só o que Deus sente, pois não há outra individualidade. Não há você, não há eu; há apenas *Deus*.

Esses momentos de união são inestimáveis; são poucos, mas são preciosos porque revelam o mundo tal como ele *é*. Se é possível experimentar essa união por alguns dias ou mesmo por uma hora, é possível experimentá-la para sempre. Basta não atrapalharmos. Virá o dia, quando a terra estará tão cheia da Presença do Senhor que não haverá mais sentido mortal ou material de existência. A iluminação dissolverá toda sombra projetada pelo indivíduo que se intrometeu entre o Sol e seu raio de luz.

Quando a iluminação vem, já não precisamos de nada que possa ser encontrado no mundo exterior, pois tudo e todos se tornam parte do nosso ser. Não há mais necessidade de nos preocuparmos, porque agora Deus vive nossa vida. A consciência da Presença é contínua; Ela canta dentro de nós sem cessar: *Eu nunca te deixarei, Eu nunca te abandonarei*. Ela vive a nossa vida e nos tornamos espectadores Dela, observando-A desdobrar-se como nossa própria experiência e extraindo para nós tudo o que é necessário para nossa plenitude. No silêncio da nossa consciência se manifesta o poder criador de Deus e, quando sentimos esta resposta, não somos apenas um com Deus, somos um com todo ser espiritual no universo. Todo o bem do universo virá ao nosso encontro.

É a bondade de Deus que se derrama por intermédio de nós para o mundo. Já não teremos bens pessoais; elimina-se todo sentido de posses, aquisições, poderes, e em seu lugar nos é concedida *Totalidade*, a abundância de Deus em sua infinita plenitude. Toda Sua glória é revelada em nossa vida como nossa própria vida: como a harmonia de nossos relacionamentos, a abundância e plenitude de nossos negócios, o brilho de nosso semblante, vigor e força do nosso corpo — as verdadeiras vestimentas que nos abrigam. Toda alegria e plenitude que manifestamos são testemunhos silenciosos de que *Eu,* em você, Sou poderoso.

Capítulo XVIII
O círculo de Cristicidade

Será que existem muitas pessoas nos tempos modernos tão dedicadas à vida de Cristo que vivam num contato espiritual verdadeiro? É concebível que estudantes ou sinceros aspirantes no caminho espiritual se desenvolvam e aceitem a sério a hipótese de que eles, por eles mesmos, nada são e que Deus é tudo? Será possível aparecer um *grupo* de pessoas nesta terra que alcançou um nível de percepção em que sua vida é vivida pelo Espírito? Tal grupo estabeleceria um padrão para o mundo inteiro.

Sempre houve indivíduos, aqui ou ali, que atingiram a Cristicidade pela Graça, mas, em nenhum período da história do mundo, isto foi percebido e sustentado por um grupo, pois, até este momento, nenhum modo efetivo foi encontrado para transmitir a consciência do Cristo a um grande número, nenhum que, pelo menos, tenha funcionado. Jesus revelou isso aos doze discípulos e deles apenas três ou quatro foram capazes de atingi-lo. Foi ensinado a vários alunos por Buda, mas apenas dois deles entenderam, e, dos discípulos de Lao-tsé, apenas um foi capaz de atingi-lo.

Hoje a sabedoria antiga está voltando a luz para a consciência humana: "Ouve, Israel: O Senhor nosso Deus é o único Senhor". Este ensinamento da unidade é o antigo segredo dos místicos revelado em todos os tempos pelos grandes iluminados espirituais que captaram essa visão de unicidade. Isso é o que nos torna capazes de nos unirmos nessa mesma percepção: se eu estou no Pai e o Pai está em mim, então, você está em mim e eu em você e todos somos um no Pai, unidos numa só consciência.

Apesar das diferentes formas de adoração e ensinamentos religiosos predominantes hoje em dia, homens e mulheres de qualquer crença deviam ser capazes de unir-se na sabedoria ancestral de unicidade. O ensino da unicidade é universal e não interfere, de maneira alguma, com nossa prática atual de adoração. Na realidade, não há nenhuma divisão entre o seu ensinamento e o "meu". Há um Espírito e este Espírito é Deus, permeando a consciência humana onde quer que a consciência humana seja receptiva. Este Espírito de Deus trabalha por intermédio de mim para sua bênção e por intermédio de você para minha bênção, já que somos um só em Cristo Jesus.

O mundo fez grandes avanços em ensinamentos religiosos e metafísicos desde os dias de Jesus, Buda e Lao-tsé, mas muitos desses ensinamentos permaneceram mera especulação no reino do intelecto. Sempre há em algum lugar grupos conhecidos por seus frutos expressando ativamente e vivenciando realmente a vida de Cristo. No silêncio, não devem falar sobre a verdade nem ensiná-la, mas vivenciá-la a fim de manifestar a Presença e Poder de Deus. Enquanto estiverem em discórdia ou desarmonia devem resistir à tentação de afirmar a verdade, mas, em vez disso, voltar-se para dentro onde o Cristo está estabelecido e deixá-Lo retificar os caminhos tortuosos. *Ele*, e não eles, será a bênção.

A resposta, a solução para todos os problemas é a percepção do Cristo; iremos chamá-Lo Cristo Ressuscitado. Quando enterrado na mente não surgirá nem fará maravilhas, mas ressuscitado em nossa consciência, por meio da meditação e da comunhão — será o milagre eterno. Pode começar em nós expressando-Se na melhoria da nossa saúde, no suprimento e no ambiente, e também quando se torna desperto na nossa consciência, em nome daqueles que estão receptivos a Ele. Exercerá uma influência na experiência deles que, em seguida, irá tocando alguns aqui, alguns lá e, finalmente, circundando o globo.

Toda pessoa que se preparou para despertar o Cristo pode se tornar parte integrante desse círculo de luz. Contudo, não é uma experiência possível a toda pessoa agora, assim como não é possível a todos ganharem uma licenciatura em engenharia ou direito sem o estudo necessário. Muitos daqueles que se interessam pelas coisas profundas do Espírito gostariam de incluir seus amigos e familiares como companheiros de jornada; isso nem sempre é possível. Com frequência, membros da própria família ou outros estreitamente ligados por laços de amizade, amor ou negócios são aqueles mais antagônicos à verdade, são o solo rochoso ou estéril a que se refere o Mestre. Ninguém pode julgar ou saber quem está pronto para o desdobramento da Alma, pois isso é algo entre cada um e seu Deus. Finalmente, todo joelho deve se dobrar até que todos participarão em sua herança espiritual.

O desenvolvimento espiritual deve começar sempre na pessoa, em sua consciência, na sua ou na minha. Tudo depende do grau da nossa percepção do Cristo, pois Ele, quando percebido, ressuscitado, ativo em cada um, torna-se uma força poderosa no mundo inteiro. Em qualquer momento pode haver alguém receptivo em algum hospital, prisão, campo de batalha, em qualquer cargo político, alguém em qualquer lugar do mundo clamando: "Ó Deus, podes me ajudar?". "Há um Deus para me ajudar?" Onde e quando houver um clamor buscando Deus, lá está o Cristo percebido em sua plenitude. Ninguém pode apreender totalmente o efeito do Cristo expandido no mundo. Não há nenhuma forma de saber quantas pessoas foram curadas — mental, física, moral e financeiramente — pelo mero ato de ter buscado o Desconhecido, tocando o Cristo libertado por você ou por mim em meditação.

É por essa razão que sempre peço aos nossos alunos no Caminho Infinito para dedicar um período de meditação, todos os dias, apenas para Deus — não para si mesmo, suas famílias, negócios, pacientes ou alunos, mas apenas para Deus. Em outras palavras, reservamos um período para meditação em que vamos a Deus com mãos limpas:

Pai, eu não busco nada. Venho a Ti por comunhão, simplesmente por amor, como iria para minha mãe, se ela estivesse disponível. Tu és o Pai e a Mãe do meu ser,

Fonte de minha vida, minha Alma, meu Espírito. Não venho Te pedir nada. Eu venho a Ti pela alegria de estar em comunhão contigo, para sentir a certeza da Tua mão na minha, o toque de Teu dedo no meu ombro, apenas para estar em Tua Presença.

A Presença de Deus, quando é percebida e manifestada, é a Salvação do mundo.

O tempo passou para qualquer indivíduo estabelecer-se como o único representante do Espírito de Deus na terra. Cada pessoa deve manifestar esse mesmo Espírito. Se este livro pode levar à experiência do Espírito do Senhor para alguns, então, esses, por sua vez, serão capazes de ajudar outros a alcançarem essa mesma experiência. O Salvador é o Espírito do Senhor, não um homem ou mulher. O Salvador é o Espírito do Senhor e Ele deve ser percebido individualmente por você e por mim.

O máximo que um ensinamento espiritual pode fazer é conduzir o estudante à percepção de que, dentro dele, está o reino de Deus e inspirá-lo com o desejo de alcançá-lo. O máximo que um mestre espiritual pode fazer é ampliar a consciência daqueles que o buscam para que possam atingir a percepção do Espírito do Senhor. Mas, um mestre como Jesus Cristo não pôde fazer isso pelo mundo inteiro nem mesmo entre seus próprios discípulos, só aos poucos que eram receptivos e abertos. Judas é um exemplo de alguém que não estava receptivo ao Cristo. Apenas os que estão famintos espiritualmente podem ser elevados por um professor espiritual a fim de terem a experiência de Deus.

Em todas as épocas os místicos conseguiram abrir a consciência dos adeptos para a experiência do Espírito do Senhor; em alguns casos, centenas a receberam por intermédio de seus mestres. Mas o mundo continuou seu caminho feliz à destruição, pois aqueles que atingiram esse elevado estado de consciência cultuaram mais o professor do que a prática dos seus ensinamentos. Todos que por meio deste trabalho são tocados pelo Cristo deveriam se dedicar a ampliar a consciência de outros, da mesma forma como aconteceu com eles. Eles podem fazer isso sendo uma testemunha da atividade do Cristo em sua própria consciência, demonstrando ao mundo que todo aquele que tiver suficiente interesse e devoção poderá atingir a mesma experiência.

Onde quer que haja uma consciência de Deus manifestada, ela será um instrumento para que Deus atue na consciência humana. A atividade do Cristo pode atuar por intermédio de minha consciência alcançando e tocando a tua, iluminando-a, curando-a e alimentando-a. Da mesma forma, quando você está em sintonia com o Infinito Invisível em meditação, Cristo manifesta-se por meio da sua consciência, tocando a vida de outros, despertando sua consciência e trazendo o que o mundo chama de cura, para seus corpos e negócios. Sem intervenção humana, a atividade do Cristo flui onde quer que haja consciência humana aberta à graça de Deus.

Virá o dia em que haverá um círculo de sabedoria espiritual ao redor de todo o globo, cujo tecido será formado por meio da consciência do Cristo percebido pelos professores e alunos. Quando este círculo estiver suficientemente desenvolvido, todos que buscam a luz espiritual serão capazes de alcançar e tocar a consciência do Cristo manifestado, só por focar em alguém deste grupo de almas iluminadas. Então o mundo será elevado, não um por um, mas aos milhões. Quando essa consciência é liberada por meio da percepção individual em meditação e comunhão, ela já não sofre mais limitação nem no tempo nem no espaço, e todos que a tocarem poderão atingi-la em alguma proporção.

A Iluminação dispersa todos os laços materiais e une os homens com as cadeias douradas de entendimento espiritual: ela só reconhece a liderança de Cristo; desconhece qualquer ritual além do Amor divino, impessoal e universal; não tem outro culto que não a Chama interior que fulgura eternamente no santuário do Espírito. Essa união é o estado livre de fraternidade espiritual. A única limitação é a disciplina da Alma; conhecemos, portanto, a liberdade sem licenciosidade; somos um universo sem limites físicos, um serviço a Deus sem cerimônia ou credo. O iluminado caminha sem medo — pela Graça.

Do autor de *O Caminho Infinito*.

Sobre a tradutora

Glaucia Braga Maggi é estudiosa da obra de Joel S. Goldsmith e grande admiradora dos ensinamentos deixados pelo autor. Seu desejo de conhecer mais sobre Goldsmith a levou em busca de outros livros de sua autoria que estavam esgotados no Brasil. Vendo a necessidade de seu grupo de estudos de ter acesso às obras, começou a traduzi-las para estudarem e meditarem juntos. *Praticando a Presença* é sua primeira tradução publicada pela Editora Martin Claret e revisada, entre outros, por Vera Maria Valsechi, estudante do Caminho Infinito e também conhecedora das obras de Goldsmith.

CONTINUE COM A GENTE!

Editora Martin Claret

editoramartinclaret

@EdMartinClaret

www.martinclaret.com.br